陈富良 ◎ 著

算法共谋

数字经济时代的监管难题

Algorithms Collusion

人民日报出版社
北京

图书在版编目（CIP）数据

算法共谋：数字经济时代的监管难题 / 陈富良著
.—北京：人民日报出版社，2022.3
ISBN 978-7-5115-7183-0

Ⅰ.①算… Ⅱ.①陈… Ⅲ.①信息经济—经济监督—研究 Ⅳ.①F49

中国版本图书馆CIP数据核字（2021）第235611号

书　　名：	算法共谋：数字经济时代的监管难题
	SUANFA GONGMOU：SHUZI JINGJI SHIDAI DE JIANGUAN NANTI
作　　者：	陈富良
出 版 人：	刘华新
责任编辑：	蒋菊平　李　安
特约编辑：	裴　鹰
出版发行：	人民日报出版社
社　　址：	北京金台西路2号
邮政编码：	100733
发行热线：	（010）65369509　65369527　65369846　65369512
邮购热线：	（010）65369530　65363527
编辑热线：	（010）65369528
网　　址：	www.peopledailypress.com
经　　销：	新华书店
印　　刷：	北京中科印刷有限公司
法律顾问：	北京科宇律师事务所　010-83622312
开　　本：	710mm×1000mm　1/16
字　　数：	161千字
印　　张：	14
版次印次：	2022年4月第1版　2022年4月第1次印刷
书　　号：	ISBN 978-7-5115-7183-0
定　　价：	46.00元

江西省高等学校人文社会科学
重点研究基地项目（JD21045）中期成果

前　言

在计算机领域，有一个重要奖项，是以图灵的名字命名的。80多年前，在计算机还没出现时，图灵就提出了算法和计算机这两个核心概念。今天，算法、计算机已经深度渗透到我们工作与生活的所有角落。

从2020年开始，针对数字经济或平台经济领域的垄断问题，政策领域不断出台新的举措。2020年初，《反垄断法修订草案（公开征求意见稿）》发布，这一意见稿考虑到了数字经济时代的特殊问题。如在认定互联网企业的市场支配地位时，应考虑网络效应、规模效应、锁定效应、掌握和处理数据的能力等各种因素。2020年底，《关于平台经济领域的反垄断指南（征求意见稿）》由国家市场监管总局发布。同时，自2020年末以来，中国最高层的会议多次重申和强调，强化反垄断和防止资本无序扩张。到了2021年1月，中共中央办公厅和国务院办公厅联合印发了《建设高标准市场体系行动方案》，方案要求针对平台企业的垄断认定，数据收集、使用与管理，消费者权益保护等方面要进一步完善有关的法律规范；同时强调要加强对平台经济、共享经济等新业态领域的反垄断和反不正当竞争的监管。2021年2月，国务院反垄断委员会正式印发了《关于平台经济领域的反垄断指南》(以下简称《指南》)。《指南》对平台企业滥用市场支配地位等垄断行为的界定、执法等一系列问题做出了明确规定,并已经关注到算法共谋问题,如其中第六条规定,具有竞争关系的平台领域的经营者可能利用数据和算法,实现协调一致行为,达成固定价格、分割市场、限制产(销)量、限制新技术(产品)、联合抵制交易等横向垄断协议。

从2020年开始,在数字经济领域的各种反垄断举措不断强力展开,并非只有中国如此。数字经济发展所引发的竞争问题,在全球主要经济体中受到普遍关注。在欧美国家,监管部门对于互联网数字经济的反垄断措施也越来越严格。比如,2020年12月,欧盟公布了《数字服务法案》和《数字市场法》草案①,明确了数字服务提供者的责任,并遏制大型网络平台的限制竞争行为。与此同时,学术界对平台经济领域反垄断的政治经济学、与竞争机制的前沿问题、体制机制问题及监管问题都做了大量的研究。②

可见,执法部门和学术界都在关注数字经济领域的反垄断问题。不仅如此,还有一个更为明显的特征是,当前各个主要经济体在整个反垄断法领域的关注点基本上也是趋同的:随着计算机信息技术的飞速发展和网络技术(尤其是移动互联网技术)的广泛应用,平台经济领域或数字经济领域的垄断问题逐渐成为各个主要国家或地区反垄断政策的关注重点。许多国家和地区对平台经济的反垄断立法和执法层

---

① 《数字服务法案》是欧盟委员会提出的一项立法提案,它需要得到欧洲理事会和欧洲议会的批准才能生效。《数字市场法》草案将于2022年上半年,由欧洲议会和欧盟成员国政府进行进一步的谈判,然后将在欧洲正式实施。

② 如《管理学刊》2021年第2期就专门做了一期关于平台经济领域反垄断研究的专辑。

面逐渐严苛。

在数字经济领域的反垄断中，同样包含着垄断协议、滥用市场支配地位、经营者集中等诸多议题。算法共谋或算法合谋，对应着数字经济领域的垄断协议，也受到了较广泛的关注。但无论是在算法共谋垄断的界定，还是在反算法共谋垄断的执法层面，都存在着较大争议。我们知道，如同传统的反垄断领域，多数时候，数字经济领域的反垄断也只是针对平台企业存在的如滥用市场支配地位等反竞争行为的一种补救或处罚。而针对算法共谋，目前讨论得最多的，也只是在算法共谋实现之后的反垄断问题。但是，对于处于算法时代的我们，针对这种新型的垄断协议，如何防范，以及如何治理算法共谋，和事后的反垄断处罚同样重要。

这本小书所讨论的是数字经济时代对算法共谋的监管问题。长期以来，在中外反垄断法的实践中，合谋或共谋，一直都是反垄断法的调整对象。而数字经济时代背景下的算法共谋，由于其形成机理、实现方式等方面的特殊性，已经成为当下的反垄断难题。本书之所以不以"反垄断难题"为书名，而以"监管难题"为书名，是基于这样的考虑：一是在规制经济学中，监管与反垄断共处一个体系之中，我们所说的监管，或规制、管制，本身也包括反垄断，如维斯库斯等人的经典教科书，就直接叫作《反垄断与管制经济学》[1]；二是反垄断往往是对结果的事后处罚或纠正，如欧盟于2017年、2018年、2019年分别对谷歌进行了三次罚款，就是因为谷歌存在限制竞争行为（它要

---

[1] 参见：（美）维斯库斯、弗农、哈林顿合著，陈甬军和覃福晓等译，《反垄断与管制经济学》（第四版），北京：中国人民大学出版社，2010年。

求使用安卓系统的智能手机生产商预装其搜索引擎和浏览器等应用软件)[①]。当然，面对公众的政治压力，欧盟可能对互联网巨头采取更为严厉的反垄断措施，如拆分或出售部分业务、公开算法等。而监管，则是全过程的控制，它既可以是事前监管，也可以是事中监管，还可以是事后处罚。三是对算法共谋的治理，应当不仅限于一种对结果的反垄断规制，也应是一种对算法共谋的全过程的综合治理。正是基于这样的考虑，我们将这本小册子的主题拟定为从监管的角度如何看待算法共谋的治理问题，并探讨对算法共谋进行治理的难点究竟在哪儿。

围绕这一主题展开讨论时，我们试图从以下几方面着手。

• 从经济学视角出发，探讨算法共谋的形成机理。根据不同类型的算法，探讨算法何以促成共谋。

• 针对不同类型的算法共谋，对算法共谋的实现机制进行经济学分析，探讨共谋何以实现。

• 与传统共谋相比，算法共谋有什么样的特殊表现？

• 根据现行的反垄断法律，规制算法共谋的难点在哪里？即进一步探讨针对算法共谋进行反垄断规制的基础与前提。

• 应对算法共谋，我们是否可以从单纯的反垄断规制过渡到综合监管治理，以形成长效治理机制？我们又应当如何构建一个应对算法共谋的监管治理机制？

本书将围绕以上议题逐一展开讨论。

---

① 当然，在美国的反垄断法中，针对这种纵向控制行为，采用的是合理原则，也就是说这种纵向控制行为本身不一定违法。如同当年微软公司要求计算机硬件制造商预装视窗操作系统一样，也许存在限制竞争的行为，但本身并不违法。

通过对上述问题的回答，我们试图将现有的大多是从反垄断的角度对算法共谋问题进行研究的视角予以扩展，同时也试图丰富对算法共谋的治理方式与选择工具。

由于算法共谋的目的是排除与限制竞争，这与传统垄断协议的目的是一致的，所以在本书中，我们对算法共谋的经济社会效应并没有做出专门的讨论。也就是说，对于为什么要规制算法共谋，我们并没有从算法共谋的反竞争效应这一角度进行专门分析。

写作这本小书的基本思路是：现实考察，理论构建，经验分析，政策引申。现实考察，主要梳理国内外针对算法共谋的反垄断法规制案例。当然，目前国内还没有具体的案例，现有案例大都是国外的。理论构建主要探讨算法共谋的形成机理与实现机制。经验分析主要是从具体案例或事例中，基于数字经济的背景，归纳出算法共谋不同于传统共谋的地方。政策引申主要是探讨针对算法共谋的综合监管政策。具体回答以下三个问题：一是从经济学的角度解释算法何以促成共谋。从算法的逻辑与算法共谋行为出发，讨论算法共谋的形成机理，算法如何辅助共谋，又如何促成共谋，并结合域外的实践，分别描述算法共谋的特征与类型。二是不同类型的算法共谋为什么难以监管。分别讨论每一种算法共谋的表现形式与特征、共谋的实施机制或实现机制、国内外的司法实践案例，并重点结合算法共谋的技术效应来讨论监管与反垄断的难点。三是如何监管算法共谋。我们将从对算法的监管，过渡到对算法共谋的监管，进而再扩展到对数字经济的反垄断监管。涉及监管理念与监管工具（方式）的创新，并尝试提出针对算法共谋的反垄断与监管治理的路径选择。

目录

第一章
数字经济、算法与共谋

我们身边的数字经济 / 003

算法时代：应用与算计 / 006

传统共谋与算法共谋 / 013

第二章
算法何以促成共谋

传统共谋的市场条件 / 021

算法改变了共谋的市场基础 / 024

算法如何促成共谋 / 032

不同类型的算法共谋如何通过算法实现 / 040

第三章
信使类算法共谋
披上新技术外衣的明示共谋

信使类算法共谋的实现 / 047

信使类算法共谋的实践表现 / 050

信使类算法共谋的特征 / 053

信使类算法共谋的监管难点 / 055

第四章
中心辐射类算法共谋
算法由共谋的媒介成为共谋的枢纽

平行算法与中心辐射类算法共谋 / 069

中心辐射类算法共谋的实现 / 074

中心辐射类算法共谋的形式 / 079

中心辐射类算法共谋的特征 / 087

中心辐射类算法共谋的监管难点 / 090

第五章
预测代理类算法共谋
相互依赖与默示共谋

寡头的相互依赖性与默示共谋 / 103
预测代理类算法共谋：
算法促成的默示共谋 / 108
预测代理类算法共谋的运行原理 / 112
预测代理类算法共谋的表现形式
与本质特征 / 117
预测代理类算法共谋的监管难题 / 121

第六章
自我达成型算法共谋
自主学习与虚拟共谋

从自主学习式算法到自我达成型
算法共谋 / 135
自我达成型算法共谋表现情形的
多样性 / 147
自我达成型算法共谋的特征 / 153
自我达成型算法共谋的规制困境 / 161

第七章
算法共谋的监管与治理

结　语

监管还是放手，人们面临权衡 / 169
算法的逻辑与算法治理 / 170
算法与市场监管 / 177
算法共谋的分类监管与治理 / 183
算法共谋的一般化监管与治理 / 196

数字经济时代的监管变革 / 205

CHAPTER I

第一章
数字经济、算法与共谋

数字经济在最近几年发展迅速，涉及人们生活的方方面面，可以说，我们生活在数字经济时代。随着数字技术的不断进步，算法，尤其是定价算法，得到了广泛应用。算法不仅给我们的日常生活带来了很大的影响，同时，算法的应用对市场竞争也造成了不同的影响。算法一方面可能会促进市场竞争并提升市场效率，另一方面也可能会对市场竞争造成损害，如算法既可引发歧视，也可促成共谋。

我们身边的数字经济

所谓数字经济，可以理解为这样一种经济形态或经济活动：在这种经济形态中，我们平常面对的知识和信息都被数字化了，且这种数字化的知识和信息已成为这种经济形态中的关键生产要素，同时，在这种经济形态中，作为重要载体的是现代化的信息网络，而作为提升经济效率和优化经济结构的重要推动力的是计算机信息技术与通讯技术的有效使用。数字经济的产生与发展，得益于现代通信技术的飞速进步（如第五代通信技术）、互联网平台的快速扩张，以及人工智能技术的广泛应用。这些变化，促成了大数据、互联网和人工智能的全面且深度融合，从而广泛影响了人们的生活，也使得数字经济成为今天中国经济发展和财富增长的重要源头。①

数字经济所涉及的范围很广。按照国家统计局公布的《数字经济及其核心产业统计分类（2021）》，一般将数字经济所涉及的范围区分为数字产品制造业、数字产品服务业、数字技术应用业、数字要素驱动业、数字化效率提升业五大类。这五大类又进一步归纳为数字产业化和产业数字化两方面。

其中，数字产业化就是上文提到的前四大类产业，既包括为产业数字化的发展提供数字技术、产品、服务、基础设施和解决方案的产业，也包括完全依赖于数字技术、数据要素的各类经济活动。在范围上，数字产业化的行业涉及《国民经济行业分类》中的20多个大类、60多个中类、100多个小类。而数字化效率提升业则被归为产业数字化部分。利用数字技术和数据资源为传统产业带来产出的增加和效率的提升，一般都可以称为产业数字化部分，它是数字技术与实体经济的融合，很多数字化应用场景，如智慧农业、智能制造、智能交通、智慧物流、数字金融、数字商贸、数字社会、数字政府等，都可以归于这一类行业，它在外延上涉及范围更为广泛，对应《国民经济行业分类》中的大类、中类和小类的数目则更多。数字技术与数字经济已经与国民经济各行业产生了深度渗透和广泛融合。

早在20世纪90年代中期，尼葛洛庞帝（Negroponte）就提出了"数字化生存"这一极有预见性的概念。②而那个时候，我们才刚刚

---

① 数字经济在中国GDP中所占的比重超过38%。中国信息通信研究院2021年4月发布的报告《中国数字经济发展白皮书（2020年）》显示，数字产业化增加值占GDP的比重为7.2%，产业数字化增加值占GDP的比重为29.0%。

② 中译本见：尼古拉·尼葛洛庞帝著，胡泳、范海燕译，《数字化生存》，海口：海南出版社，1997年。

接入互联网，腾讯和阿里巴巴都还没有成立。在数字化社会中，个人隐私是极有可能受到侵犯的，自动化的系统可能会剥夺很多人的工作机会，白领阶层的工作场所也会大大改观，因为网络是没有物理边界的。在数字经济时代，无论是企业的经营，还是政府的管理，抑或是文化与教育领域，新经济、新企业、新科技三者的关联都是紧密的，并都表现出数字化特征。日常生活中，你同样可以感受到数字经济的气息。假若你经常开车行驶某一路线，在你出发时，手机中的某一款APP可能会推送一条信息：××路畅通，××分钟可以到达目的地。你带着手机到过什么地方，你在社交媒体上说过什么，都会留下记录。有时候，你感觉自己就如同一个透明人。

2020年初开始蔓延全球的新冠肺炎疫情，也加速了人们对数字化生活的认知，例如：自疫情以来，远程访问的需求不断增加，很多大大小小的会议，转移到了线上进行；为了控制疫情，从大学到中小学，很多学校的正常课堂教学也转移到了线上；受疫情影响而封闭的社区，人们在线上通过社区团购的方式购买日常生活必需品……这表明，数字经济就在我们身边。

对企业来说，在数字经济时代，企业投资和经营时必须考虑这样的问题：如何以大数据作为基本的分析要素，如何以互联网作为交易平台，以及如何以人工智能作为操作手段，以尽可能节省成本和提高经营效率。在这一过程中，企业收集、加工和处理大数据能力的高低，企业与企业、企业与消费者之间在交易过程中的行为互动，或者是企业网络协同化能力的强弱，都会成为企业经营者关注的重点。

目前，在数字经济领域，我们能够接触到的产品或服务，大体上包括以下种类，如网络搜索引擎、电子商务、网络社交平台与社交媒体、移动应用商店、移动操作系统、电子地图、云计算、语言助手、网络浏览器、在线广告等。而对普通消费者来说，数字经济时代的大众化服务，则主要有搜索引擎、电子商务和社交网络三大类。这些服务具有明显特征，如数字经济企业一般都是通过互联网平台开展经营活动，并为不同的用户提供不同的服务。比如，以电子商务为例，平台一边是供货商，另一边是购买方，这类平台所处的市场，一般又称为双边市场；如果超过两边，则称为多边市场。正因为如此，人们也把数字经济称为互联网经济或平台经济。①

算法时代：应用与算计

尽管算法的概念早在计算机发明之前就已经存在了，但是，目前仍然缺乏一个可被广泛接受的通行定义。

从技术的角度来看，算法本质上是基于特定的数学模型，将输入转化为输出结果的系列计算步骤，也就是说，它本质上是一种复杂的计算结构与计算过程。算法可以用不同的方式来表述，如语言、程序、代码等，并都由机器阅读与执行。随着计算机技术的发展，算法已经进化到可以自动完成计算、数据处理，而人类自身处理这些事情则成本巨大。尤其是近几年，随着人工智能和机器学习的发展，算法技术被推向了更高的阶段，出现了机器自主学习算法，使计算机可能

---

① 关于互联网平台，人们可以从平台的直接网络外部性和间接网络外部性，以及规模经济等方面入手从经济学上进行分析，以理解其运行机理，进而从其定价、开放度等行为角度讨论应该对这类平台采取何种监管政策。

比人类更有效地解决某些更为复杂的问题，或是更有效地做出预测和决策。

我们生活在算法时代。无论是人工智能、大数据，还是物联网，都离不开算法。人们的日常生活，也无时无刻不受到算法的影响。如搜索引擎把我们引向大型数据库；大型互联网平台企业采用推介系统，通过分析我们的偏好特点，不断地为我们推送新的文化体验；如果你要在某一个电子商务平台购买某种商品，你可能被商家运用算法进行了分级，从而可能使得你与在同一电子商务平台上购买同一商品的其他消费者付出不同的价格。2016年出版了一本名为《算法时代》的专著，描绘了人们生活中的各方面如何受到算法的影响。①2021年初，《财经》记者刘畅作了长篇报道《被算法监控的打工人》，较生动地描述了普通人的日常是如何受算法影响的。②外卖骑手是一个典型的被算法控制的群体。互联网平台借助算法，对骑手的控制权进行了重新分配。平台内的企业对骑手的管理，被平台系统与平台经营者取代了。平台内的商户表面上看似放弃了对骑手的直接控制，但实际上却是淡化了雇主责任，相应地，劳资之间的冲突也被转嫁到了平台系统与消费者之间。同时，数字时代的算法控制，也从实体的机器、计算机设备升级为虚拟的软件和数据，平台系统通过收集、分析骑手的数据，并将数据结果反作用于骑手，从而使骑手不知不觉参与到对自

---

① 参见：（美）卢克·多梅尔著，胡小锐、钟毅译，《算法时代：新经济的新引擎》，北京：中信出版社2016年。

② 被算法监控的打工人，新浪科技，发布时间，2021-01-13，13：18，文，《财经》记者刘畅，来源：《财经》新媒体。

身的管理过程中。①市场经营者也可以通过算法来获取用户的反馈信息,并依此来调整自身的产品价格,以期获取更高的销售量和收入。欧盟早在2017年的报告中就提到,当时就已经有超过一半的零售商会想方设法跟踪竞争对手的在线商品价格;而有超过三分之二的零售商已经在使用自动化的算法程序,去跟踪市场的动态变化,并根据所观察到的竞争对手的产品价格,来实时调整自己的产品价格。到了今天,算法技术被市场主体特别是平台企业广泛使用,已经成为一种常态。

这再次说明,数字经济时代就在我们身边。

在数字经济环境下,作为运算对象的大数据,以及由算法与算力组成的云计算,共同构成了数字经济的核心生产要素和生产方式。这种生产要素与生产方式,同样会对市场的组织结构与企业的竞争方式产生重要影响,进而使得市场的竞争秩序与竞争格局受到影响。企业在利用大数据的过程中,出现了一个关于"边界"的讨论,如有可能侵犯到个人的私有信息,甚至隐私,这就牵涉了数据的权属、信息安全、大数据在企业间流动过程中的利益分配,等等。同时,企业还可以利用大数据进行相应的产品定价、营销策略等的制定。更进一步,企业还可能利用算法进行共谋或合谋。因为在更加透明的市场环境下,算法将带来更高的共谋风险②。

算法能给人们带来便利,如节约成本、改进福利。但也可能使

---

① 参见:陈龙,数字控制下的劳动秩序:外卖骑手的劳动控制研究,《社会学研究》2020年11月第6期第113–135+244页。

② 第二章将解释算法的运用如何提高市场透明度,同时市场透明度的提高,又有利于算法共谋的达成。

人们的信息来源受到限制，出现所谓的信息茧房现象，平台的算法根据个人的偏好与特征只提供你愿意或希望看到的信息；也可以使传统条件下很难达成的共谋更容易实现，从而出现算法共谋。不同于传统共谋，算法共谋是共谋的一种新形式。传统共谋指的是市场上的几家企业通过合约或其他方式，共同决定价格和产量。如果说传统共谋很难实施的话，基于算法条件实施共谋则相对容易得多。对于传统共谋，一方面，反垄断监管当局很容易识别企业之间的垄断协议；另一方面，共谋的一方也很难识别和处罚参与共谋的另一方的违约行为，共谋参与方的机会主义行为不可避免，导致卡特尔的不稳定[1]。而算法共谋之所以容易实现，一方面是共谋的一方很容易识别和处罚参与共谋的另一方的违约行为，客观上相应减少违约行为的发生，增加共谋结构的稳定性；另一方面，共谋双方有时根本不需要明示的垄断协议，增加了反垄断监管当局识别和处罚共谋的难度。

算法连接着人工智能应用全过程。初始阶段需要依赖现有的数据结构进行算法建模与设计，接下来就要以程序设计语言进行算法编码，最后是算法应用，即算法自动化决策。

在经济合作与发展组织（OECD）的报告中，无论是在企业经营过程中，还是在政府管理过程中，算法技术都能得到广泛的应用。同时，无论是从供给侧还是在需求侧，算法技术的应用都可能对竞争产

---

[1] 卡特尔是垄断组织形式之一，卡特尔协议是为了垄断市场从而获取高额利润，生产或销售某一同类商品的厂商通过在商品价格，产量市场份额等方面达成协议。但是为了固定价格就一定要限制产量（如欧佩克），然而在这一过程中，一定有某个参与方会偷偷地扩大产量，从而使得价格难以维持。共谋参与方的机会主义行为导致了卡特尔的不稳定性。具体讨论见第2章。

生促进作用。①在数字经济时代,算法技术之所以能够被广泛应用于各类企业经营和社会场合之中,主要是由于算法技术可以嵌入相应的产品和服务之中,比如算法实现自动计算、自动收集数据、自动进行数据分析,以及自动决策等。算法的高度自动化属性降低了传统人工干预的时间成本。当然在这一过程中,也会有人的因素、人的意志、人的价值等的渗透,它们都可以被融入算法之中。这样,算法也就很难保持一种竞争中性的立场,算法的这种非中立性,可能导致算法歧视、算法霸权,甚至算法共谋等风险。

经济学者,尤其是产业组织与竞争政策领域的学者,之所以关注算法,就是因为企业可以利用算法技术,来实现比传统经济更有效的歧视定价与差别定价,尤其是实行更隐蔽的协议定价。而针对这些行为,在某种程度上,反垄断监管机构可能一时还无法提供有效的政策工具。

从日常经济活动来看,算法歧视指的是,以算法技术为核心,厂商基于算法自动捕获各类消费者的个性化信息,即根据消费者所处区域的不同、市场环境的不同、消费偏好的不同,以及收入阶段的不同,再基于算法的分析与决策程序,勾勒出不同消费者的消费画像,然后基于不同的画像对不同的消费者采取精准个性化的定价行为。如我们日常生活中常见的大数据杀熟、千人千价等现象,就是这种算法歧视的体现。

---

① OECD 的报告《算法与共谋:数字经济时代的竞争政策》,参见:OECD, 2017, Algorithms and Collusion: Competition Policy in the Digital Age, www.oecd.org/competition/algorithms-collusion-competition-policy-in-the-digital-age.htm. 对这一报告的较详细的介绍与评价,可参见韩伟,算法合谋与反垄断初探:OECD《算法与合谋》报告介评(上)(下),分别载《竞争政策研究》2017 年第 5 期第 112—120 页和第 6 期第 68—77 页。

当然，这种算法歧视，有时候也是有效率的。我们可以回想一下垄断者的一级价格歧视的情形。在一级价格歧视下，厂商以不同的价格将全部产品卖给出价不同的消费者，全部消费者剩余转化成为生产者剩余，但结果是社会福利最大化，同时，产量接近竞争性产量，最低价格接近竞争性价格。举例来说，假设现有一种产品，成本为40元。市场上只有两个消费者，一个消费者认为这种产品值50元，另一个消费者认为这种产品值100元。现在假设厂家统一定价。如果统一定价100元，它只能生产和卖出一件产品，利润60元；如果统一定价50元，它可以生产并卖出2件产品，利润20元。如果不采取统一定价，而采取区别定价，即实施算法定价歧视，对一个消费者卖50元，对另一个消费者卖100元，则它可以生产并卖出两件产品，利润70元。显然，在区别定价的情况下，企业的销量提高了，利润也提高了，而消费者也获得了各自所需。

经济学关于差异化定价的原理并没有错，导致销量提高的差异化定价能够提高经济活动的效率。但是，在数字经济条件下，平台企业之所以能够利用算法进行差别定价，或利用大数据杀熟，是基于消费者的个人信息，而这些个人信息并不是平台付出成本去调研、收集的，而是消费者在使用平台的过程中，向平台提供的。数据是互联网平台的一个重要生产要素，而消费者则是数据的重要来源。消费者成就了平台，反过来却因为提供了自己的数据而多花钱，这就是不公平。消费者和商家一样，不仅是平台经济的参与者，而且也是重要的生产者。平台企业拥有的数据优势，特别是与消费者个人特征有关的数据，应当用在为消费者提供更好的产品和服务、提高经济活动的效率上,而不是用于精准地把钱从消费者口袋里转到自己手里。[①]所以,2021年8月通过的《中华人民共和国个人信息保护法》明确规定不得进行大数据杀熟。

对于算法霸权,我们可以这样来理解。算法技术本身并不具备权力属性,但当算法深度嵌入企业经营与社会治理中,并且涉及利益分配时,不同算法的应用主体的利益诉求存在差异,就会导致算法具备某种权力属性。如同算法歧视一样,算法可以根据不同的消费者推送不同的商业信息,从而诱导消费者进行消费,或是新闻媒体平台根据特定的消费者推送特定的新消息,从而形成信息茧房效应。

至于算法共谋,这正是我们在这本小书中要讨论的问题。

大数据与发达的技术工具(如定价算法)的结合,深度影响了每一个人的日常生活,也改变了许多企业经营中的竞争态势,以及他们做出商业和战略决策的方式。越来越多的市场经营者已经开始借助于计算机算法这一强有力的工具来改进他们的定价方式、完善他们的顾客服务,以及更好地做出市场趋势的预测。算法技术的广泛应用,无疑将对人们的经济生活产生重大的影响,在这一过程中,既可以使企业受益,如节省成本;同样也会使消费者受益,比如消费者可以获得新的更好的产品或服务。同时,算法的广泛使用也引起了人们对反竞争行为的关注,因为算法可以使得企业更容易达成共谋,而且在这一过程中无须任何正式的协议或人为的干预。这无疑使得竞争法的实施和市场监管,都将面临挑战。我们是否需要对

---

① 参见:曲创,大数据杀熟:经济学错了吗,收录于话题《竞争者的垄断梦》第101篇,2021年7月8日。

算法本身进行监管，鉴于算法的多重风险和机器自主学习的出现，这种监管政策选择的结果，对于竞争和创新又将会产生什么样的结果？

传统共谋与算法共谋

共谋（collusion），是一个较古老的话题，而且在不同类型的反垄断法中，也有不同的表述。共谋，最初是美国反垄断法中的一个术语。在我国2008年开始实施的《反垄断法》中，又被称为垄断协议（monopoly agreement）。在欧盟的竞争法中，则被称为限制竞争协议（restrictive agreement）。无论哪种表述，所谓共谋，一般是指两家或两家以上的企业，为了某种目的（如垄断市场），达成某种协议。所谓同行很少会聚集在一起，而一旦聚会，要么就是策划出一个对付公众的阴谋，要么就是炮制出一个掩人耳目的提高物价的计划。

人们一般将共谋分为两种类型，一类叫作明示共谋（express collusion），一类叫作默示共谋（tacit collusion）。明示共谋指的是企业之间以文字、口头或信件等积极的明示方式，达成一致，从而达到限制竞争目的的一种共谋形式。换句话说，明示共谋，是依据共同协议来维持共谋的。

默示共谋，或默示合谋、默契共谋，在欧盟的竞争法中称为一致行动，在美国的反垄断法中称为有意识的平行行为，或称为寡头的相互依赖。它指的是经营者之间并没有达成正式的卡特尔协议，甚至也没有协商一致的行动，只是凭借企业之间的相互依赖关系或默契的意思联络，使得行为的结果即定价上出现了协同性。也就是说，这一结果与存在卡特尔协议时的经营者之间的行为结果是类似的。而默示共谋的维持，依靠的是心照不宣，用博弈论的话说，默示共谋就是依靠聚点（focal point）来达成的。

2002年底，快要过春节的时候，江南某一城市居民日常使用的瓶装液化石油气的价格突然从每瓶40元上涨到每瓶80元。当地晚报给出的解释是，这个城市两个主要的供气厂家，一家炼油厂位于这个城市的沿江上游的邻省，另一家炼油厂位于沿江下游的另一个邻省，都在进行设备检修，造成气源供应紧张，用户价格上涨。如果是在发达的市场经济国家，反垄断执法机构很可能会对这两家炼油厂进行反垄断调查，以排除共谋的嫌疑，但是我们那个时候还没有反垄断法。

从经济学上来讲，要维持一个共谋，本身是很不容易的。即使是明示共谋，也面临囚徒困境。假设共谋的企业都遵守共谋协议，都能获得参与共谋所能得到的好处，一定程度上也存在个别企业的机会主义行为：如果参与共谋的其他企业都遵守共谋协议，而自己只要违约，提高产量，或降低价格，就一定能比参与共谋获得更多的好处。因而，每个参与共谋的企业都存在违约的动机。这种机会主义行为如果不能被及时发现，并及时被惩罚，共谋结构的稳定性就会受到破坏。而如果是默示共谋，除了会产生上述的机会主义行为，出现囚徒困境之外，还要面对信息协调的问题，因为对市场信息和共谋方行为的理解一旦出现偏差，共谋就有可能出现破裂。因此，仅靠心照不宣的默契来维持共谋，难度可能更高。

然而，算法的应用，就可以消除这种风险，使共谋更加牢固，从而形成人们所说的算法共谋。

所谓算法共谋，主要是指，市场经营者利用计算机算法技术从事的协同行为,而且这种协同行为会对市场竞争产生影响。计算机和算法承担了市场参与者的角色,不同程度地促成了共谋的达成。对算法共谋,可以进一步区分为广义的算法共谋和狭义的算法共谋。从广义的角度来说,只要算法参与了共谋,就可以称为算法共谋;而狭义的算法共谋,则专门指算法在独立于市场主体的情况下,自主完成的共谋,即类似于我们下面将要提到的自我达成型算法共谋。在这里,与传统共谋不同的是,一方面,这种协调行为不一定有明确的协议,这也是利用传统的《反垄断法》来规制算法共谋的难点所在。另一方面,传统的共谋或垄断协议,一定是限制和排除竞争的。而在算法共谋的情形下,市场经营者的这种协同行为,对市场竞争的影响,既可能具有促进和增强市场竞争的积极效应,也有可能具有排除和限制竞争的消极影响,具体是促进竞争还是限制竞争,可能取决于不同的算法共谋类型各自不同的内在达成机制。这同样成为利用传统《反垄断法》来规制算法共谋的一个难点。

而在数字经济背景下,算法共谋已经是一个现实的存在。如2015年4月,美国司法部指控亚马逊平台上的一个电商主管托普金斯(David Topkins)利用定价算法,联合其他电商,固定海报产品的价格,从而形成共谋。

2015年12月,美国人迈耶尔(Spencer Meryer)向法院起诉,指控网约车平台优步(Uber)公司先是与它的合作司机达成纵向协议,并利用算法实现对乘客的收费标准一致,而且在高峰时段联合涨价,从而消除了合作司机之间的竞争,最终形成了合作司机之间的横向共谋。

2017年2月,欧盟委员会对华硕、飞利浦、先锋等电子产品生产商展开反垄断调查，指控这几个公司利用算法限制零售商的自主定价能力，认为这种行为是涉嫌算法共谋的反竞争行为。①

按照扎拉奇和斯图克的划分，人们一般将算法共谋按照传统的共谋分为两种类型：明示共谋与默示共谋。其中，明示共谋进一步区分为信使类算法共谋和中心辐射类（轴辐类）算法共谋；默示共谋又进一步区分为预测代理型算法共谋和自我达成型算法共谋。②

所谓信使类算法共谋，是指市场经营者有意识地将计算机算法当作工具的一种共谋情形。经营者共谋达成卡特尔，并利用计算机算法来协助他们执行、监督和管理这个共谋结构。与传统共谋相比，计算机算法为企业提供了实现已有共谋协议的一种新的更为有效的工具。算法这一工具使得共谋企业能够更好地监督彼此的价格行为并实施价格共谋。

所谓中心辐射类（轴辐类）算法共谋，简单地说，就是使用单一的计算机算法来确保众多的经营者实施统一的市场价格的一种共谋情

---

① 上述三个事例，多个文献均有引用。此处转引自：刘佳，2020，人工智能算法共谋的反垄断法规制，《河南大学学报（社会科学版）》2020年7月第4期第80—87页。

② 参见：Ezrachi, A. and M. E. Stucke, 2016, "Virtual Competition: The Promise and Perils of the Algorithm-Driven Economy", Cambridge（MA）: Harvard University Press. 在他们的另一本书的中译本和另一篇文章的中译本中的表述有一些差异。参见：（英）阿里尔·扎拉奇和（美）莫里斯·E.斯图克合著，余潇译，2018，《算法的陷阱：超级平台、算法垄断与场景欺骗》，北京：中信出版社2018年。第二部分共谋场景部分，将这四种共谋类型分为信使类、中心辐射类、预测型代理人或可预测智能体类型、电子眼或数字眼。当然，也有的区别仅仅是因为翻译的表述不同。参见：（英）阿里尔·扎拉奇和（美）莫里斯·E.斯图克合著，周丽霞译，人工智能与共谋：当电脑抑制了竞争，《竞争政策研究》2021年第4期第19—23页。其后，有关文献对这四种类型的算法共谋，在名称上略有不同，如第二类中心辐射类，也有的称为轴辐类算法共谋，第三类也有人称为预测型算法共谋，第四类则大多数文献称为自我学习型算法共谋。

形。这种单一算法,可以是指竞争性的经营者之间共同使用第三方提供的同一个定价算法,也可以是他们在一个平台之内共同通过采用同一个定价算法来完成结算交易。所以,这里的第三方,既可能是一个专门从事定价算法服务的软件开发商,也可能是一个拥有市场支配地位的平台。

所谓预测代理型算法共谋,是指行业中的每个经营者都独立地采用最大化利润的算法,这种行为提高了市场的透明度,也增强了对竞争对手的市场行为的预测能力,但全行业都采用类似算法,可能导致相互依赖,从而形成默示共谋,客观产生反竞争的效果。而在这个过程中,算法扮演着企业管理者的代理人角色,它代替企业的管理者来监督竞争对手的价格变化、产量变化和市场供求变化,并根据竞争对手的市场行为的变化及时采取应对策略。

所谓自我达成型算法共谋,是指由计算机智能算法自动完成的共谋。每个企业各自采取长期利润最大化的智能算法来定价。由于人工智能自主学习算法主要是基于人工智能深度学习技术,它可以在没有人类干预或明确人工指令的情况下,模拟人脑功能,并基于大数据和经营试错所得到的经验,通过探索-挖掘机制来自动调整自身的定价规则,以及对竞争对手的定价行为做出快速反应。这一过程,会使得市场的定价行为趋于一致,达成自我学习型算法共谋。

算法共谋行为同样会损害市场竞争。算法共谋对市场竞争的损害后果主要表现在以下几个方面。一是损害市场竞争秩序。因为本来具有竞争关系的企业,一旦通过算法共谋行为达成了一致的市场交易条件,就会使得正常的市场调节机制失灵,从而影响市场竞争秩序。由于市场竞争不充分所造成的价格上升等后果,最终一定是由消费者承担，也会损害消费者的利益。二是破坏公平竞争的环境。因为算法共谋行为在较大的范围内对相关市场的自由竞争构成威胁，算法的运用，可能导致各市场主体，无论是共谋的参与者，还是其他经营者，都不能独立地做出自己的经营决策，从而损害了企业公平竞争的权利，使得市场竞争规律失效。三是影响市场的良性发展。实施共谋行为的竞争者不需要通过公平竞争就可以取得超出竞争水平的利润，而未参与共谋的企业，即使提高产品质量，在市场竞争中也可能处于劣势。这样，算法共谋行为对市场竞争秩序的破坏可能会进一步影响到市场的良性发展。对市场竞争的这些损害性后果，在传统共谋中也可以看到。但是，算法共谋强化了这些效果。与传统共谋相比，算法共谋行为更容易达成、更容易实施，且更容易维持。算法的使用不仅使得共谋行为比传统共谋行为更难以被发现，而且还使得在传统条件下本来不太容易实现的共谋得以实施。

那么，算法共谋行为，是否一定构成反垄断法需要调整的垄断协议，是否需要对算法共谋行为进行监管，应当如何监管算法共谋行为，这将是我们后面要讨论的问题。在此之前，我们首先需要搞清楚的是，算法共谋到底是如何形成的。

CHAPTER

第二章
算法何以促成共谋

从传统的共谋来看，共谋的形成是有一定的市场条件的，如，市场集中的程度如何，市场的进入壁垒是高是低，以及其他一些因素，都有可能对共谋的形成造成影响。即便是达成了共谋，要维持共谋的实施，也是需要有一定的市场环境的，如，是否具备相应的信息交流机制、惩罚机制等。而算法的出现，恰好改变了共谋的市场基础，既使得共谋更容易达成、实施和维持。而不同类型的算法在达成算法共谋中的机理也是不一样的。

传统共谋的市场条件

传统上，我们所理解的共谋，是指产业内的独立的企业，为了获取垄断利润，自愿联合起来，通过限制产量，或者是维持价格等方式，所采取限制和排除竞争的行为。如前所述，人们一般把共谋分为两种形式，显性共谋和默示共谋。显性共谋，又叫作明示共谋，指的是，为了共谋，市场经营者之间达成了一个可以实施的协议。卡特尔是显性共谋的一种主要形式，它是一群独立的企业共同制定价格或决定产量的共谋形式。企业横向合并，或建立合营企业，作为企业之间的横向协议的一种形式，有可能产生反竞争效应，也有可能产生竞争效应。默示共谋，是指在市场经营者之间可能并没有明确或具体的横向协议，他们之间在协调彼此的市场行为时，可能仅仅是通过观察或是预测竞争对手的定价行为来实现。由于企业（尤其是寡头企业）之间的相互依赖性，这种有意识的平行行为，会促使市场经营者有意识地、心照不宣地在市场上采取协调一致的行动。

要组成卡特尔，有三个问题需要解决，一是市场经营者必须意识到共谋是有利可图的，他们之间才能够达成协议。也就是说，市场经营者必须具备经济激励才会去组成一个卡特尔。二是在卡特尔协议签订之后，单个企业可能有激励去背叛协议，如在维持价格的情况下，必须对产量（市场的供给数量）进行限制，而企业偷偷扩大自己的产量，则可以获得更多的利润。但在市场供给数量增加、需求不变的情况下，市场价格必然下降，卡特尔价格就很难维持。对此，卡特尔必须有发现背叛行为的方法，能够知道哪个企业存在背叛行为。三是一旦发现有企业背叛协议的时候，卡特尔必须有一个惩罚机制，而且这一惩罚机制是可信的、有效的。

当然，现实中卡特尔是很不稳定的，会出现博弈论中的所谓囚徒困境。如中国曾出现过的所谓农用车协会，就有卡特尔的性质，它企图通过限制产量来维持农用车的价格，但很快就垮掉了。也许现实中的石油输出国组织（欧佩克）是一个例外。

传统上，影响共谋的因素有很多，但主要的因素是企业数量和进入壁垒。

市场中企业数量的多少。如果市场集中度很低，也就是说，市场上企业的数量很多，共谋一般都难以达成。平常一对一的谈判要取得一致，都有可能是一个漫长的过程，而超出两个及以上的主体要达成一致，就更加困难。同样，企业数量越多，要维持共谋的难度也就越大。反过来，市场集中度越高，市场上企业数量越少，越有利于企业共谋的达成与维持。

市场进入壁垒的高低。如果进入市场的壁垒较低，也就是说，其他企业很容易进入这一市场的话，要维持企业之间的共谋是很难的。原因是，一方面，如果市场不存在进入壁垒，或者市场的进入壁垒较低，那么，市场经营者共谋制定高价格以获取高利润是不现实的，因为其他企业的进入会使得市场供给增加，在需求不变的前提下，高价格无法维持，在现有经营者看来，共谋是无利可图的。另一方面，由于不存在进入壁垒或进入壁垒低，经营者会预设涨价后的市场面临新企业进入的冲击，这也会降低卡特尔现有惩罚机制的可信性，从而为共谋企业从事背叛行为提供了激励。这表明，企业进入市场越容易，达成共谋和维持共谋就越难。

除了市场集中度和进入壁垒这两个主要因素外，还有其他一些因素，如企业之间的成本差异也会影响共谋的达成。成本低的企业一般愿意制定低价格，成本高的企业则会愿意制定高价格。所以，企业之间的成本差异，会加大企业之间达成共谋的协调难度。即使是企业之间已经就价格达成了一致，低成本企业也有较强的背叛协议的激励，这也会加大维持共谋的难度。与此相应的是，高成本企业的高成本本身就使得惩罚机制的可信度降低了，因为低成本企业根本就不会惧怕其他企业的报复行为。①

---

① 唐要家认为，影响共谋的其他因素，还包括是从事价格竞争还是从事数量竞争（价格竞争更难维持共谋），产品差别化的程度（产品无差异更容易达成共谋），需求的周期性变化（需求成长期与需求萎缩期，共谋较容易维持）与需求波动（需求波动过大，增加了共谋的不稳定性）。参见：唐要家，《反垄断经济学：理论与政策》，北京：中国社会科学出版社，2008年，第71—72页。

除了上述条件和因素，共谋的维持还需要有两个机制，一个是市场的透明度，另一个是信息交流机制。

尽管市场透明度不高，并不足以完全阻止共谋的发生，但是，市场价格和销售数量的透明，对于参与共谋的企业来说，肯定也会有助于它们迅速发现其他企业是否存在背叛行为，这样，它们采取惩罚措施的滞后期就可以缩短，从而有利于共谋的维持。

企业之间的私人信息交流，以及关于不同企业的价格、产量的信息，对实施共谋也是有利的。比如，假设加入卡特尔的企业向其他企业成员公开它的顾客信息，包括身份、所提供的价格、数量等，一旦某一个顾客转换了供应商，其他企业就可以调查顾客流失的原因，如果不是因为低价的引诱所导致的，就可以避免价格战。企业之间的信息交流有助于实现对价格和产量的可观察性，这会稳固企业之间的共谋的维持。

然而，算法的应用，既改变了共谋的市场条件，也改变了共谋的维持基础。

算法改变了共谋的市场基础

关于算法共谋的形成机理，文献中也有所涉及。如刘佳认为，不同的算法会促成不同的算法共谋。[1]梁彦红和王延川则从算法作用的

---

[1] 参见：刘佳，人工智能算法共谋的反垄断规制，《河南大学学报（社会科学版）》2020年7月第4期80—87页。

角度，讨论了算法价格共谋的形成。①唐要家和尹钰锋也是从算法优势的角度，如市场透明度提升、企业成本下降、易于惩罚等角度进行讨论②。并针对算法共谋提出了事前的算法监管对策。

要理解算法共谋是如何形成的，我们要从总体上分析算法促成共谋的机制，再分析不同的算法是如何促成共谋的。

算法有利于共谋达成的机制

共谋或卡特尔的达成，需要有三个条件：能够达成垄断协议、能够识别和监督背叛行为、能够处罚背叛行为。而算法正是从这三方面使得共谋更容易达成：算法降低了达成垄断协议的成本、降低了识别与监督背叛行为的难度、提高了对背叛行为惩罚的有效性。

一是算法降低了达成垄断协议的成本。在传统共谋情形下，参与共谋的企业之间一般需要经过各种方式的沟通与协调，甚至是谈判，才能达成共谋协议，这种协调与沟通的成本很高。而在运用算法的情形下，参与共谋的企业之间可能根本就不需要进行明显的沟通与协调，它们只需要利用不同的算法，向市场发出共谋要约，或是监测竞争对手的市场信息，就可以借助算法在虚拟的网络世界里实现沟通、协调与谈判，从而达成共谋垄断协议，而不再需要企业进行面对面的直接沟通与交流。这无疑比传统经济下垄断协议的达成更省时省力。所以，算法的应用，降低了为达成共谋所需要的沟通与协调成本，使

---

① 参见：梁彦红、王延川，数字市场背景下的算法合谋，《当代经济管理》，2020（9）：93—97.

② 参见：唐要家、尹钰锋，算法合谋的反垄断规制及其工具创新，《产经评论》，2020年第2期第5—16页.

得企业之间更容易达成共谋垄断协议。

企业运用机器自主学习算法从事上述活动，如发出共谋要约，或是监测对手信息，或是谈判共谋条件等，都不需要由人来发出指令，计算机可以自动完成这些工作。这一方面使得达成共谋协议的交易成本进一步下降，另一方面也使得更容易实现由明示共谋向默示共谋的转变。

二是算法降低了识别与监督背叛行为的难度。在传统的共谋结构中，影响共谋协议实施的一个最主要威胁就是某个参与共谋的企业的机会主义行为，而这种背叛行为也很难被其他企业发现。[①] 而算法的运用，一方面可以使得企业能够实时获取并监督市场上竞争对手的各种信息，尤其是产品的价格和销售数量信息；另一方面又提升了市场上企业之间的互动频率。这无疑将提高市场的透明度。而市场透明度的提高，一方面有利于共谋垄断协议的达成，另一方面又有利于参与共谋的企业进行相互监督，从而降低了识别与监督企业从事背叛行为的难度，使得垄断协议得以维持。

三是提高了对背叛行为惩罚机制的有效性。一方面，企业运用算法可以降低识别与监督个别企业背叛行为的难度；另一方面，由于算法可以对竞争对手的定价与销售数量等信息进行实时跟踪、收集、分析与处理，并自动做出反应，因此，一旦发现某个参与共谋的企业存在背叛垄断协议的行为，算法就将自动启动并实施最具威

---

① 威胁共谋协议的另一个重要因素是，在市场需求波动的情况下，不同的企业不断调整价格，以适应市场需求的变化，但是面对这种调整，在其他企业看来，到底是价格背叛行为，还是正常的动态价格调整行为，无法进行准确的区分，因而也构成共谋结构的一个不稳定因素。

慑力和惩罚性的冷酷战略,也使得其他企业可以快速实施惩罚性的低价格,从而使得这种惩罚策略成为维持共谋博弈的可信策略。

正是由于算法的运用,确保了对背叛行为惩罚的实时性与有效性,从而降低了参与共谋的企业从事偷偷降价或扩大产量等机会主义行为的激励,增强了企业之间的信任度和对共谋协议的忠诚度,也可以避免不必要的价格战,并使得共谋结构具有一定的稳定性。

同时,由于算法的广泛应用,降低了共谋企业之间的沟通、协调、谈判与监督成本,提高了市场的透明度与企业之间的互动频率,提高了对参与共谋的企业背叛行为的监督和惩罚的有效性,因而我们可以说,算法技术在市场中的广泛应用,改变了共谋发生的市场条件。算法技术的应用增强了企业之间达成共谋的互信基础,从而有利于共谋的达成和维持;算法的运用,一方面使得有利于共谋的市场条件更容易形成;另一方面,算法的运用也改变了共谋发生的市场基础,使得在传统意义上,即使不具备某个有利于达以共谋的条件,但在算法运用的环境下,共谋也可能达成。[1]

算法技术改变了共谋的市场环境

算法技术的应用改变了共谋的市场环境,它使得在原本不可能达成共谋的市场中也能够达成共谋,但也有可能增加共谋达成的难度,即是对共谋的达成具有不确定的影响。

在传统市场上,能否达成共谋,需要具备一定的市场环境,比

---

[1] 参见:柳欣玥,垄断协议规制中算法合谋分类研究,《竞争政策研究》2019年第5期第10—41页。

如，市场经营者之间需要建立起相互信任的基础，市场经营者之间彼此可以反复地相互作用与互动，能够针对市场竞争指标进行沟通、协调和谈判；参与共谋协议，能够为市场经营者带来高于竞争水平的收益，而同时，经营者参与共谋的风险又较低，既要能够避免彼此之间的事价格战，不要使自己的共谋行为不会轻易被反垄断监管机构发现并受到处罚；共谋结构中存在有效的惩罚机制，并可以通过市场上频繁的相互作用来实施这种惩罚；市场的透明度较高，企业可以观察到市场中的竞争对手的各项竞争指标。此外，企业数量的多少与市场集中度的高低、其他企业进入市场是否存在壁垒等相关因素，也会对共谋的达成产生较大的影响。而算法的运用恰恰可以部分地改变上述市场环境。

首先，算法技术的运用增强了企业达成共谋的互信基础，从而有利于共谋的达成与维持。在运用算法的情况下，企业之间的互动频率可以显著提高，企业之间的相互作用也可以显著增强，这样就可以及时地发现共谋协议中的背叛者，从而可以比传统共谋结构中更快、更严厉地对背叛行为进行惩罚。一方面，在充分运用大数据和算法的背景下，企业市场决策的速度可以大大提高。在传统的市场环境下，企业调整价格的难度较大，所需要的时间也较长。而在数字经济环境下，企业如果要调整自己产品的价格，可以基于自身的意愿，按照利润最大化的原则，频繁地进行调整，因为利用智能化的算法，企业可以实现价格的实时更新，从而可以保障企业能够对背叛共谋的行为进行及时的打击。另一方面，企业借助具备自主学习能力的算法，甚至可以精准预测市场上其他竞争对手的价格与产量决策，从而在竞争对手做出背叛行为之前就对其进行预判，并作出预案。因此，算法技术的运用,将帮助参与共谋的企业之间增强互信基础,降低参与共谋给企业带来的风险,甚至无须承担有人背叛协议的风险,从而维持共谋结构的稳定性。

其次,算法技术的运用更易于形成达成共谋的市场环境。如前所述,通过算法的运用,可以提高市场的透明度。市场透明度的高低,是影响企业达成共谋协议的重要因素之一。市场透明度的提高,可以为企业创造一个有利于共谋的市场环境。市场透明度越高,企业就越容易获取市场上的产品价格等商业数据,企业也就更加了解彼此,企业之间也就越容易达成共谋。从另一个角度来看,企业在运用算法的过程中,本身又可以创造一个更加透明化的市场,从而降低市场竞争中的不确定性,也为共谋的达成提供了有利的市场环境。一个理性的企业,为了能够从算法的强大预测和分析功能中获得好处,往往都会有很强烈的动机投资于数据的挖掘和分析,并且开发出处理大数据的自动化方法。如果市场上的每一个企业都这样做的话,就会引发全行业的技术创新。也就是说,市场上的每一个企业都会开发相应的算法技术,目的是能够使自己可以持续不断地跟踪和收集有关竞争对手、消费者以及市场环境变化方面的相关数据。这一过程,又会使得市场进一步透明化。市场透明度的提高和市场的透明化,都将为共谋的发生提供有利的环境。

再次,算法技术的运用,还可以使原本不具备共谋条件的市场仍然有可能达成共谋。比如,算法的运用使得市场中企业的数量,以及市场的进入障碍,变得与共谋不太相关。通常,企业数量越少,市场集中度越高,越有利于实施共谋行为。而算法的运用,在一定程度上使得市场中的企业数量成为一个与共谋无关的因素。因为利用算法,市场中的企业可以高效率地实现相互之间的沟通、跟踪和监测，从而使市场的透明度得以提高。再结合算法，企业之间就可以更方便地发现与获取共谋的共性基础，从而更便利地通过谈判达成共谋。比如，我们第4章将要提到的优步（Uber）案例，优步的每一个合作车主，作为单个的企业或个体，其数量是惊人的，但在算法的作用下，合作车主之间仍然可以达成横向的价格协同行为。

另外，在传统共谋领域，企业的数量增加也会加大对共谋背叛行为的监督难度。而算法通过对市场数据的跟踪、监测和分析，显著降低了维持共谋协议与企业数量之间的相关性，使得即便是在一个市场集中度较低的环境中，也有可能达成和维系共谋协议。也就是说，当运用算法的时候，企业数量与市场集中度，在共谋协议的达成过程中，不再是一个必要条件。

西南大学的李丹博士在梳理了2015年至2019年美国和欧盟针对算法共谋的12起案件之后，得出的一个主要结论就是：算法工具与共谋协议的达成之间存在着极高的关联关系。[①]算法之所以能够促成共谋协议的达成，有两个主要因素起作用，一个是算法的运用使得共谋协议的达成可以不受市场集中度的限制，另一个是算法可以在提高市场透明度的同时使得市场进一步透明化。此外，在达成垄断协议的过程中，算法的运用还可以使得传统共谋的形式出现突破。因为，在传统共谋的达成过程中，企业往往要借助各种信息交换方式来达成垄断协议，这样将会给反垄断监管机构留下明显的证据。而在高度透明

[①] 参见：李丹，算法共谋：边界的确定及其反垄断法规制，《广东财经大学学报》2020年第2期第103—112页。

的市场环境下，根本就不需要达成有形的垄断协议，而仅仅只需要采用相同或相似的算法，即可达成共谋。在数字经济背景下，数据的发送即数据的送达，而企业利用算法对数据进行自动收集，并以此来监测竞争对手和消费者的市场行为与反应，从而迅速调整自己的市场决策和行为。这样，通过算法技术的应用，企业就能够意识到彼此之间存在着很强的相互依赖性，利用这种相互依赖性，可以形成默示共谋，进而消除市场竞争。所以，企业运用算法不仅有利于共谋的达成，还可以突破达成共谋的形式，通过数据方式来传递共谋信号，或者采用特定的定价算法来达成价格共谋，运用合法的商业规则来掩盖非法的反竞争行为。

由此可见，算法对市场透明度、对市场互动程度的影响是确定的，即算法的运用增加了市场透明度和市场互动程度，有利于共谋的达成和维持。

总之，算法改变了企业之间的沟通方式，降低了共谋的难度，有利于获得协调一致的结果。运用算法可以提高市场的透明度和市场主体之间的互动频率，使得参与共谋的企业更容易对背叛垄断协议的行为进行监督和实施惩罚，从而使得默契行为具有可维持性。①

但需要进一步说明的是，虽然算法的运用，使得共谋的发生与市场上企业的数量和市场的进入障碍没有必然的联系，但是算法的运用对市场上企业数量的影响则可能是不确定的。一方面，算法的运用可能强化在位者的力量，从而使得市场上企业数量减少；另一方面，算

---

① 参见：孟昌、曲寒瑛，算法合谋及其规制研究进展，《经济学动态》2021年第6期第128—143页。

法的运用，也可能使得企业可以以更低的成本进入市场。在其他条件不变的情况下，进入壁垒的下降会使得市场上企业的数量大幅增加。与此类似，对企业来说，算法的运用对市场进入壁垒的影响也是不确定的。既有可能因为算法而抬高企业进入市场的技术壁垒，也有可能因为算法而降低企业进入市场的成本壁垒。这样，在企业数量和进入障碍上，算法对共谋的影响就是不确定的。①

同样需要说明的是，算法对企业创新的影响。算法使得企业的创新更为频繁，会使得企业从事个性化的生产，其成本也更具有差异性，而这又使得共谋难以进行，也就是说，算法的运用也会增加企业共谋的难度。

综合来看，算法的使用为共谋协议的达成与维持，以及对背离垄断协议的行为进行惩罚，创造了更方便的条件，使得参与共谋的企业减少了沟通环节的交易成本，并有助于共谋企业走出囚徒困境，从而实现默示共谋并保持结构稳定性。

算法如何促成共谋

算法就是一系列的用以解决问题的、明确的计算机指令，其表现形式可以是文字，也可以是图表或数据代码。无论采用哪种形式，算法的基本逻辑大致相同。首先，确立一个明确的求解目标，为了这一目标，构建一个抽象的问题模型。然后，再根据所需要解决的问题的不同，选择具体的模式和方法来完成算法的架构设计。按照

---

① 参见：陈永伟，人工智能算法合谋挑战，《互联网经济》2019年第4期第42—47页。

OECD的报告，从有利于促成算法共谋的角度，一般将算法区分为以下四种类型：监督式算法、平行式算法、信号式算法和自我学习式算法。①

所谓监督式算法（monitoring algorithms），又称监控算法，或是监测算法。一般地，这类算法就是指这样的一系列指令，首先明确和锁定目标，然后利用网络抓取技术，针对目标收集相关数据，以此来完成对目标的监督。在这类算法中，由人来发出指令，算法只是一个工具，是人的意志的体现，人具有完全的决策权和控制权，所以称之为监督式算法。监督式算法，就如同我们日常生活中的电子警察，它对每一辆行驶的汽车进行实时监控、一旦发现有违法行为，"车主"会立即受到处罚。

所谓平行式算法（parallel algorithms），是指在收集和监控目标数据的基础上，为了实现对已经收集的数据的自动反馈，而设计出的一系列决策自动化的指令。在这一类算法中，发出指令的主体依然是具体的人，但与监控式算法不同的是，算法开发的技术人员会在算法中设计出让算法进行自动决策的指令，这在一定程度上，表明人类已经向算法让渡了一部分决策权。这样，某种程度上，可以说算法在决策方面具有了一定的自由裁量权。比方说，在保险市场上，每家保险公司都会根据汽车的理赔情况，调整下一期的保险条款（价格），保险公司也会根据利润最大化的原则来确定价格。平行式算法就是这样一种情形：保险市场上的主导企业根据利润最大化原则确定最优价

---

① 参见：OECD, 2017, Algorithms and Collusion: Competition Policy in the Digital Age, www.oecd.org/competition/algorithms-collusion-competition-policy-in-the-digital-age.htm

格，然后依靠算法去监督中小保险公司的定价是否与自己的价格相符。如果相符，则继续优化自己的定价；如果不符，则对中小保险公司进行处罚，引发起价格战。

所谓信号式算法（signaling algorithms），是指这样的一系列指令，计算机对已经收集的目标数据进行反馈，在此基础上，自动化的程序可以自发形成一种信号，并自动向外界发出这种经过处理后的信号。这一过程可以不断反复，以寻求实现的最终动态平衡。与前述监控式算法和平行式算法相比，在信号的这一处理过程中，信号式算法是自发进行的，作为个体的人并不控制这一过程。同样以保险公司为例，如果某家保险公司想提高某一险种的价格，只需要利用算法在适当时候发出这一信号。其他保险公司收到这一信号，同样依靠算法、及时跟进，市场价格就被固定（抬高了）；若其他保险公司不跟进，则这一信号会被实时撤回，不会遭遇任何风险。这一切，都由算法来完成。

所谓自我学习式算法（self-learning algorithms），是指这样的一系列指令，利用人工智能的深度学习和自我认知等技术，计算机可以自发地对目标主体进行监控、收集相关数据，并进行预测和做出决策。在这一过程中，人类的决策权被剥夺了，算法完全取代了人类，它通过自我学习，实现了自主决策。我们回想一下人机大战中的"深蓝"，以及汽车自动驾驶，对这类算法就会有较直观了解。

那么，不同的算法又是如何促成共谋的？

考虑到数字经济的演进以及它给市场带来的变化，在决定数字经济时代的竞争政策时，就必须对以下问题保持一定的警惕。正如刚才已经讨论过的，当算法参与到市场竞争时，企业间的共谋比以前更容易维持。在以较高的透明度和交易频率为特征的数字市场上，一旦认定共谋比传统市场上更容易达成，那么，接下来的问题自然就是，企业如何利用算法来达成共谋，并且建立一种必要的结构，以协调各自的战略、分配利润及实施垄断协议。

算法运用的另一个主要风险是，企业可能在显性共谋与默示共谋之间开发出一个灰色地带，从而使得企业即使没有必要达成一项协议，也能很容易地获得高于竞争水平的利润。比如，在一个传统来讲只有利用显性沟通才能实施的共谋，算法可以创造一个新的自动机制，不需要人的干预，就可以帮助实施共同的价格政策并监督其他企业的行为。换句话说，算法的运用，可以使得企业以默示合作来代替显性共谋。

监督式算法有助于共谋的维持

为了促成共谋，算法的一个最明显和最简单的职能，就是为实施共谋协议而监督竞争对手的行为。这一作用包括收集与竞争对手有关的商业决策信息，为识别潜在的背叛行为抓取数据，并最终为采取实时的反击做出规划。

在这一过程当中，对于传统市场而言，数据的收集，可能是最困难的一步。即使定价数据是可以公开获得的，也并不一定就表明这个市场是透明的。企业必须能够以一种方便使用的方式把所有竞争对手的数据汇总出来，并实时更新。这在传统市场上可能很难，但是现在，有很多比价网站已经把这件事情给完成了。人们既可以直接从线上接收数据，也可以通过特定程序自动处理数据。结果是，参与共谋的企业可以通过算法而连续监督彼此的行为。

完成了数据收集之后,下一步就是通过监控来识别背叛行为并实施惩罚。通过自动收集方式所获得的数据,可以与定价算法结合起来使用,以自动识别对协议价格的背叛行为。比方说,在确定了协议价格之后,一旦有任何一个企业背叛协议,定价算法可以立即实施触发战略。这一过程,可能只需要一个IF语句就可以解决。由于算法在监控、识别背叛者以及惩罚背叛者时的速度是非常迅速的,它们可能几乎是同时进行的,很自然地,企业也就缺乏背叛协议的动力。因为背叛与惩罚之间没有时间差,背叛者也就不可能获得投机行为所产生的预期利润。第三章要提到的托普金斯(Topkins)案例,就是一个较典型的由监督算法促成的算法共谋案例。

监督式算法促成共谋的这一过程可能是这样一种情形:在已经存在一个价格垄断协议的前提下,首先,一个企业实时地收集各种价格信息,然后对这些价格信息进行判断,如果收集的价格数据与共谋价格是一致的,那么它将继续保持对实时数据的收集与分析;如果发现有的价格信息与共谋价格不一致,则立即采取触发战略实施价格战。每一个参与共谋的企业都会做同样的事情,而且所有这些过程都是同时进行的。因此,与传统卡特尔不同,在算法时代,人们很少能看到价格战。

监督式算法,通过避免不必要的价格战,有助于垄断协议的维持,使得共谋结构更为稳定。

平行式算法有利于共谋的达成

在一个高度动态化的市场上实施卡特尔的一个难点就在于,企业需要对自己的价格、产出,及其他交易条件实时做出调整,以应对市场供求的经常性的变化。因此，企业也就不可能通过会议、电话或是电子邮件等方式对共谋协议进行经常性的谈判。而且这些方式也很容易被竞争政策的主管部门发现，实际上也就为反垄断执法机构提供了犯罪的证据。而一个替代的解决方案就是，参与共谋的企业可以借助算法实现决策过程自动化，这样，每个企业在制定自己的产品价格时，都可以对市场环境的任何变化实时地做出同步反应。这就是平行式算法的运用。

平行算法的一个主要应用就是帮助企业动态定价，或实时调整价格。这种动态定价算法已经在航空运输、旅馆预订以及交通网络等行业中得到有效应用。它们利用定价算法来调整供给，以应对市场需求的时高时低的变化，而且也产生了有利于竞争的效果。但是，如果企业都使用同一个定价算法，又会怎么样呢？算法可能不是为企业之间进行彼此竞争而开发的，而是在设计时就可能设定一个反竞争的价格。这样，算法不仅会导致企业之间的共谋，而且还会使它们的价格自动调整以应对市场变化，而不需要这些企业之间进行任何形式的显性交流。

假设企业将算法的开发工作外包给同一个信息技术公司或同一个程序开发商，也就是说，市场上每个竞争对手都使用同样的或类似的定价算法，算法开发商手上有每个企业的数据，算法开发的目的都是使企业利润最大化。这时，算法促成的共谋会很有效，而且不需要进行任何的沟通交流，只需要遵循程序化的决策规则即可。同时，通过以牙还牙战略，还可以有效避免因徒困境的出现。比如，假设市场上有两个企业，一个是领导者，一个是跟随者。领导者的决策步骤是这样的：首先，根据算法，评估并计算出能使自己利润最大化的最优价格,然后,将自己的产品价格设定为最优价格。之后,利用监控算法收集其他企业的价格数据。如果其他企业的价格与它设定的最优价格相符,它就回到第一步,继续评估最优价格,继续监控收集其他企业的数据。如果其他企业的价格数据与它设定的最优价格不符,立即触发价格战。这个过程同样几乎是没有时间差的。而跟随者的决策步骤则简单多了。它只需要收集并跟踪领导者的价格数据,然后将自己的价格设定为与领导者的价格相符即可。如果它不采取相同的价格策略,领导企业就会采取以牙还牙的战略,引发价格战,它同样不可能获得投机行为所预期的好处。于是,整个行业的价格就被固定下来了,相应地,市场的竞争也被排除了。我们在第四章要介绍的著名的优步(Uber)案例,就是这种由平行算法促成的算法共谋的一个典型案例。

信号式算法:以非正式谈判促成默示共谋

在一个传统的市场上,由于市场的动态变化,每个企业的规模是不同的,各自的产品也是有差异的,相应地,每个企业也会采取不同的商业战略。所以,按照博弈论的说法,由于缺乏一个自然的聚点,默示共谋是很难达成的。而为了避免明显的沟通行为,企业可能通过发出一个价格信号来显示自己的共谋意图,从而达成一种复杂的合作战略。但是,当一个企业把提高价格作为一种共谋的信号发出以后,如果多数竞争者没有接收到这一信号,或者接收到这一信号后并不打算做出回应,那么,发出信号的企业就会在销售量和利润上都受到损失。这种风险可能会鼓励企业等待其他企业发出信号,最终可能导致合作失败。然而,算法的运用却可以最大限度地降低这种风险。比如,企业可以在半夜发出一个调整价格的信号,这对自身产品的销售不会有任何影响,但却可以被竞争对手的算法作为一个信号予以识别。发送信号,不仅在建立非正式的卡特尔时是有效的,而且在支持利益并不一致的企业之间进行谈判时也是有效的。有了技术先进的算法,可以不断地发送信号、接收信号、调整价格,这实际上就是一个非正式的谈判过程,而且,这种非正式的谈判过程会变得越来越快且越来越有效率。

信号式算法促成共谋的逻辑是这样的,首先,一个企业可以发出一个信号,假设是一个价格信号,作为谈判的条款。而其他企业也会发出它们的价格信号。首先发出信号的企业会通过算法收集到其他企业发出的信号,如果发现其他企业的价格与自身发出的价格信号相符,即其他竞争者接受这一价格,算法就会自动设定这一价格作为共谋价格,默示共谋就此达成。如果发现其他企业发出的价格与自身的价格不符,算法则会重新进行评估,并重新发送价格信号。这一过程类似于重新谈判。我们将在第五章中提到的英国超德(Trod)案,就是这种由信号算法促成的算法共谋。

自我学习式算法:由算法黑箱到虚拟共谋

通过机器学习和深度学习技术,在没有人工对算法进行编程的情况下,算法自身也可能达成共谋。只是,我们并不清楚,在没有人类干预的情况下,机器自主学习算法是如何达成共谋的。也就是说,企业在输入相关数据和产出共谋结果之间是一个黑箱。目前在现实中也还没有发现这种由机器自主学习算法所促成的算法共谋,只是有学者通过模型分析,证明在理论上存在这种自主学习算法共谋的风险。正因为如此，人们将机器自主学习算法达成的共谋称为虚拟共谋。

总体来看，每一种类型的算法在达成共谋协议的过程中发挥了不同的作用，体现了不同的特征。

监督式算法，在已经存在垄断协议的前提下，收集和处理竞争者的信息，并通过触发战略最终处罚背叛者，以此来维持共谋结构的稳定性。

平行式算法，协调平行行为，比如说设定价格跟随领导者。通过共享定价算法，或使用第三方开发的同一算法达成共谋，并通过以牙还牙战略来维持价格垄断协议。

信号式算法，经营者向市场发出一个价格信息，以告知一个共谋的意图，并就共同价格政策进行非正式的谈判，以此达成默示共谋。

自我学习式算法，基于相互依赖性，通过机器的深度学习和自我学习，协调市场上其他主体的行为，以最大化企业的利润，可能自动达成一种虚拟共谋。

不同类型的算法共谋如何通过算法实现

如前所述，人们将算法共谋区分为四种类型：信使类算法共谋、中心辐射类算法共谋、预测代理类算法共谋和自我达成型算法共谋。总体而言，不同类型的算法共谋的达成，主要由特定的算法所促成。当然，在有的时候，即使是在同一种类的算法共谋中，不同类型的算法也可以在同一类型算法共谋的达成中发挥各自的作用。

信使类算法共谋由监督式算法促成

信使类算法共谋是这样一个过程：首先，市场经营者利用算法，监测、收集与过滤相关市场上竞争对手的定价等信息。然后，在这些信息中，算法会将那些与拟要或已经实施的共谋协议相背离的数据筛选出来，并迅速做出反应，实时启动提前设定的报复方案。在这一过程中，算法被用来作为保障共谋实施的工具。需要说明的是，在这一类型的算法共谋中，价格共谋的达成在先，也就是说，事先已经存在垄断协议，监督式算法只是经营者实施共谋的一个技术工具而已。托普金斯（Topkins）案例就是以监督式算法来实施垄断协议的。一般地，信使类算法共谋是通过这样的内在机理而得以运行的，市场经营者事先已经就价格协议达成一致，再开发出一种包含触发战略的定价算法，并利用它来监控共谋参与者的市场价格。在不间断的监控过程中，如果发现有共谋参与者背离了价格协议，就会立即自动触发算法，进而发起价格战，使共谋参与者的背叛行为即时受到惩罚。在数字经济条件下，市场价格的透明度高，市场经营者利用网络抓取技术，可以很容易地获得竞争对手的价格信息。因此，由于对市场价格变化的灵敏度极高，一旦哪一个参与共谋的企业实施背离协议价格的行为，监督式算法就可以即时发现背叛行为，并实时触发算法。这样，就使得共谋的参与者能够对背叛价格协议的行为迅速实施报复。因而，在这种情况下，那些已经参与共谋的市场经营者，基本上也就失去了实施背叛行为的动机。与传统的垄断协议相比，监督式算法既促成了信使类算法共谋的达成与巩固，同时也使得经营者之间可以避免价格战。借助算法，市场上的共谋行为的实施更有效率。

如果事前不存在共谋协议的话，在信使类算法共谋的达成中起作用的就可能是平行式算法。

中心辐射类算法共谋由平行式算法促成

中心辐射类算法共谋，也叫轴辐类算法共谋，它是这样一种情形：首先，在一个平台中，在平台上的多个经营者与平台（轴心）之间，利用算法形成价格共识，达成某种纵向协议；其次，借助于平行式算法的反馈功能和决策自动化机制，经营者对协议价格做出市场反应；最后，算法进行自动决策，使得多个本身就具有竞争关系的经营者之间的价格趋于一致，从而在经营者之间达成一种横向共谋。结果，这些有竞争关系的市场经营者之间的竞争就消失了。在我国的反垄断法中，这种由纵向共谋导致的横向共谋的情形，被称为轴辐协议。如果把这种纵向共谋与横向共谋形象化表述的话，我们可以想象一下自行车车轮的情形。在上下游市场经营者之间，有一个处于轴心位置的经销商，这个经销商与它的下游代理商之间，可以达成多个纵向协议关系。这些下游的经销商或上游的供应商则处于自行车车轮的车圈之上，它们与处于轴心位置的经销商或供应商以辐条的形式连接起来，这些辐条最终形成一个封闭的车圈。而由于纵向协议的存在，导致在多个下游经销商或上游供应商之间，出现横向的协同行为，从而消除了彼此之间本应存在的竞争。

无论是纵向共谋，还是横向共谋，除了平行式算法起作用之外，监督式算法在维持共谋中也可以发挥相应作用，如监督共谋的参与者有没有机会主义行为，从而为实施惩罚提供依据，进而维持共谋的稳定性。

优步（Uber）案就是典型的中心辐射类算法共谋，而且这是一个完整的有车圈的轴辐类算法共谋。如果存在多个纵向共谋关系，但无法证明处于车圈上的上下游供应商或经销商之间也存在横向共谋，这个车圈可能就不存在。没有横向共谋，所谓的轴辐协议可能就不成立，而这种只有纵向共谋的情形，是否应当列入平行式算法引起的中心辐射式算法共谋的范畴，可能需要借助司法实践的案例来进行辩证思考。

预测代理型算法共谋由信号式算法促成

预测代理型算法共谋，也称为代理型算法共谋。它是这样一个过程，在数字经济时代，计算机算法直接充当了企业经营管理者的角色，代理企业高管对市场上竞争对手的定价进行实时监控，并随时根据市场数据的变化，自动调整自己的定价，而且将这一定价作为信号，向市场上的竞争对手自动发出，如果市场上的竞争对手接受这一信号，最终将实现市场上的价格协同。在预测代理型算法共谋中，信号式算法就像是传统市场上的企业高级管理人员，或接受企业高管委托的代理人。在传统的垄断协议中，本来需要各企业的高管聚集在一起，共同来商量价格策略，并达成定价共识，直至达成垄断协议。而现在，企业高管们不需要这样做了，信号式算法就可以完全承担企业高管的职责，在虚拟世界里完成协议的谈判与共谋的达成。在数字经济时代，通过信号式算法，在市场经营者之间传递和反馈共谋的信号，根本就不需要地理空间的转换。因为，整个传递和反馈信号过程中的一切活动，都是在网络虚拟空间中自动进行的。因而，面对这种由算法促成的价格一致行为，人们也很难证明价格共谋的存在。说到底,这种默示共谋只不过是由信号式算法自主地实施价格跟随行为的产物而已。如英国的超德(Trod)案。定价算法的发展,使得默示共谋越来越普遍。

如同中心辐射类算法共谋一样,在预测代理类算法共谋的达成与维持的过程中,最基础的监督式算法同样也可以发挥作用,监测共谋参与方的价格背叛行为,并实施惩罚。

自我达成型算法共谋由自主学习式算法促成

自我达成型算法共谋,又称自我学习型算法共谋,也称虚拟共谋。我们只能猜测,这一过程可能是这样一种情形:利用人工智能技术和机器深度学习技术,算法不仅可以对数字市场上的海量数据进行实时处理,而且,通过先进的神经网络,算法还可以建立自己的市场观,进行自我学习和自主决策,如为帮助市场经营者实现利润最大化,算法可能自主形成最优的定价决策。而这一过程,几乎不受人类控制。在这一过程中,算法到底是如何运作的、共谋又到底是如何达成的,人们对此几乎一无所知。这意味着,在自我达成型算法共谋的达成过程中,市场经营者根本就不需要参与。甚至,市场经营者是否具有达成共谋的动机,可能都不需要考虑。共谋的发生,仅仅是由智能算法的自主决策导致的。这样,在数字经济市场下,就可能存在着这样一种风险:通过深度自我学习,智能算法可以自主地对市场上的行为做出预判,在没有人类干预的情形下,智能算法可能自动达成共谋的结果。

接下来,我们将分别讨论这四种类型的算法共谋的实现过程、表现形式与特征,以及它们对于反垄断监管所带来的挑战。

CHAPTER

第三章

信使类算法共谋：

披上新技术外衣的明示共谋

人们一般将信使类算法共谋作为明示共谋的一种。目前，大多数文献对这一类共谋，没有专门讨论。一种可能是，大家普遍觉得，既然是明示共谋，没有争议，完全可以借助现有的反垄断法律直接进行规制，没有必要再进行讨论。实际上，我们将要说明，无论是在特征还是在表现形式上，信使类算法共谋与传统的明示共谋仍然存在一些不同之处，如何界定并监督这类算法共谋行为，可能仍存在不小的困难。

信使类算法共谋的实现

数字经济时代，基于消费者贡献的大数据能产生巨大的网络效应，导致市场竞争出现一个显著特征，即各类市场经营主体竭力占有大数据资源。企业占有了大数据并运用算法技术后，共谋和歧视就不可避免。比如，电子商务平台上，商品的价格看上去是极度公开透明的。一个消费者，似乎可以在比较短的时间内，在一个平台内甚至包括平台外，对同一种类的商品价格做出比对，他甚至以为自己对目标商品的全部信息已经了如指掌。然而，真实的情况可能是这样的：消费者能够接收到的信息，可能只是平台经营者希望消费者看到的信息，也就是前面提到的消费者只是处在一个信息茧房中，即消费者看到的目标商品的价格,并不一定是完全竞争市场下商品的均衡价格。因为通过运用算法模型,一个平台的经营者已经具备了多种能力,如对数据的挖掘与交易,对消费者消费模式的识别及消费需求的预测,对商品价格的优化,等等,平台经营者具备这些能力之后,可以对消费者实施完全的价格歧视。再进一步,当商品的销售已经由线下全面转向线上时,一种可能的情况是,所有线上销售商品的价格,都有可能是已经被提前共谋了的。

在信使类算法共谋场景中,算法是传递共谋意图的中介和执行共谋意图的工具。此时,市场经营者一般可以通过两种方式来实现共谋意图。

第一种方式,市场经营者通过事前合意,经过沟通与协调,确定经营者打算实现的共谋策略,也就是所谓的垄断协议,比如一个特定的固定价格。然后,市场经营者再把这种共谋策略转化为计算机能够识别的语言,使之融入算法。这样,算法就可以在电子商务平台自动运行。可以看出,这种算法共谋,与传统的共谋相比,几乎没有什么本质区别。不同的地方在于,在共谋的实现过程中,增加了一个算法技术工具,把在传统共谋中本来是由人完成的工作转交给机器来完成。这样,由机器来执行企业之间的垄断协议,就方便参与共谋的企业进行相互监督。市场经营者利用监督式算法,可以在第一时间发现背叛垄断协议的企业,并通过触发战略,采取价格战等方式对其进行惩罚。这种共谋方式在数字经济发展的早期会被大量采用。但是,当监管当局对这种共谋情形关切之后,企业就不太愿意采用这种共谋方式了。因为尽管这种方式使用起来比较方便,但是隐蔽性不是很高,很容易被监管机构发现并处罚。同时,对监管者来说,在搜寻共谋垄断的证据方面，存在着技术上的要求。比如，监管人员是否具备识别算法的逻辑语言能力。这种能力是监管者针对专业执法人员自主培养，还是委托第三方机构进行评估和鉴定，在数字经济时代反垄断执法的队伍建设中，也需要进行权衡。

第二种方式，市场经营者事前并不存在共谋的合意。但是，共谋的预谋者基于对算法运行机理的理解，自发形成了共谋默契。这时，在共谋过程中，发挥作用的可能就是平行式算法。我们在前面已经讨论过，平行式算法在促成共谋的过程中是可以起到作用的。在垄断高价和市场的均衡价格之间，平行算法可以找到一个价格，保证共谋参与者的利润最大化。在这种共谋情形中，参与共谋的企业之间可能根本就不存在传统可见形式上的共谋沟通，但是一定存在共谋垄断的主观故意。[①]对监管者来说，要寻找共谋的证据，可能需要通过对算法源代码的逻辑和对市场反馈结果进行综合分析，这对监管人员的技术水平提出了更高的要求。需要说明的是，对这种共谋情形，需要具体分析。比如，各自追求利润最大化的单个企业，独立采取最优定价策略，但在结果上也可能形成垄断价格，这时对企业实行严厉的处罚可能就不合适。

如前所述，监督式算法促成了信使类算法共谋，或者说是监督式算法确保了共谋的实现。因为它所暗含的一个前提是，经营者之间已经存在共谋协议，而监督式算法可以被运用于对共谋协议的有效执行和监督。如果市场经营者之间已经存在一个卡特尔协议，打算在价格

---

① 参见：丁国峰，大数据时代下算法共谋的法律规制，《社会科学辑刊》2021年第3期第127—136页。

上采取共同行动，那么，在执行这个卡特尔协议时，这些参与卡特尔的各个经营者，就可以利用这种算法的监测功能，对协议各方的价格情况进行实时监测。如果有哪一个参与协议的经营者背离协议，就会被及时发现，并将受到处罚。具体来说，这些达成共谋的市场经营者，会针对特定商品或服务，确定一个具体的价格区间，共同实行协同定价。而通过自动收集竞争对手的市场数据的方式，监督式算法可以对竞争对手的定价情况进行实时监控。对于任何超出事前设定的价格区间的定价行为，这种算法都可以及时发现，并且可以立即对这一违反协议行为的经营者进行惩罚，或是发起价格战。也正是因为如此，在运用监督式算法的情况下，背叛协议的行为将会有效减少，同时，价格战也会相应减少，共谋协议的执行也会更为顺利。而传统的卡特尔协议之所以不太稳定，主要就是因为存在机会主义行为，参与卡特尔的经营者存在背叛协议的动机，而且一旦实施背叛行为，很难被发现，从而也很难因此而受到惩罚。而在运用了监督式算法的情况下，背叛行为很容易被发现，也很容易受到惩罚，因而卡特尔共谋协议将会很稳定。

总之，信使类算法共谋，本质上可以说是将监督式算法作为企业达成共谋的工具的一种共谋。

信使类算法共谋的实践表现

我们先看几个与信使类算法共谋有关的案例，可以从这些案例中归纳出这类算法共谋的一般形式与基本特征。

《算法的陷阱》一书的作者在第五章信使场景中，介绍了许多信使类算法共谋的案例。①早在2015年，美国司法部就向有关的反垄断律师、经济学家以及相关领域的研究人员发出了警告，要求他们关注一些企业暴露出来的非法使用复杂定价算法的问题。

例如，几家在亚马逊网站上出售明信片贺卡的制造商被美国司法部指控非法操纵市场价格：为了能够协调价格变更的节奏与幅度，这几家企业采用同一种定价算法，收集小团体外的竞争对手的价格信息，并抄袭对方的定价策略，从而在价格上打压对手。对于这一指控，相关企业已经接受。主管反垄断工作的美国司法部助理总检察长比尔·贝尔曾对此做出如下表态：当美国消费者在网上购物时，他们需要一个充分竞争的市场，为此，美国司法部会与任何意图暗中破坏线上市场竞争秩序的欺诈行为做斗争。

另一个例子是希腊反垄断机构对本地最大的零售连锁企业卡里弗·马里诺波洛斯（Carrefour Marinopoulos）进行的反垄断调查。2010年，因为非法利用IT系统辅助企业的垄断行为，希腊竞争委员会对卡里弗·马里诺波洛斯开出了1.25亿欧元的罚单。这个案例的案由很简单，作为零售连锁企业，卡里弗·马里诺波洛斯采用了一个IT系统（实际上就类似于监督式算法）来监控市场价格并最终固定市场价格。作为整个零售连锁网络的重要组成部分，这个IT系统能够让零售连锁企业卡里弗·马里诺波洛斯随时对它的特许经营者的零售定价进行监测，以发现这些零售价格与自己所提供的指导价格之间是否发生了偏离。它之所以这么做，目的无非是要使得商品的零售价格与

---

① 参见：（英）阿里尔·扎拉奇和（美）莫里斯·E.斯图克合著，余潇译，《算法的陷阱：超级平台、算法垄断与场景欺骗》，北京：中信出版社，2018年，第五章。

整个销售网络的定价政策保持一致。这实际上就是利用监督式算法来维持价格共谋，是典型的信使类算法共谋。

另一个著名的案例是美国的托普金斯（Topkins）案。2013年9月到2014年1月间，托普金斯（Topkins）与其他几家企业共谋，操纵亚马逊第三方市场亚马逊商场的广告海报价格。他们所采用的方法其实也很简单，就是几家企业共同使用由托普金斯编写的定价算法。美国司法部认为，这一行为是以非竞争性的价格来共谋出售某类商品，违反了美国的联邦反垄断法。这一案例属于典型的显性合谋。也就是说，托普金斯和其他竞争者事先达成了共谋协议，在协议中规定了各参与方所要达到的目标价格，然后再借助监督式算法来执行这一协议。通过收集竞争对手的业务信息，并且进行数据的筛选和分析，监督式算法实现了对竞争对手的监督，能识别和发现对共谋的偏离行为，且以即时发起价格战等方式对其进行报复。这种报复的威胁是可信的。因为在现实中，算法监测和惩罚偏离的速度极快，导致共谋参与者很难有任何实际的背叛行为，价格战也就几乎不会发生。[①]

以上案例表明，计算机是可以用来辅助共谋，或者监督共谋的执行效果的。

第一，共谋行为的发生，事前或者存在明确的共谋协议，或者不存在具体的共谋协议。如果存在事前的共谋协议，那么它就跟传统的显性共谋没有本质区别，监督式算法只是达成共谋的工具。如果事前不存在具体的共谋协议，那么，是否会影响到我们对共谋行

---

① 国内多个文献对这一案例都有介绍，这里转引自：梁彦红、王延川，数字市场背景下的算法合谋，《当代经济管理》2020年第9期第93—97页。

为的判定?

第二,在这些案例中,计算机成了共谋行为的中间人。计算机系统通过监督式算法程序,有效监督共谋企业的各种潜在价格背叛行为,并对价格背叛行为进行自动回击。算法程序不仅可以按照预先装载的数据与指令执行任务,而且它的表现也优于人类的手工操作。甚至可以说,在信使类算法共谋场合中,计算机的任务无非就是严格执行人类的不正当竞争的指令。

第三,在传统经济中,即使不存在算法工具,共谋也有可能产生,但监督式算法的运用却使得共谋结构更为稳定,因为共谋企业的背叛行为相应减少,共谋企业之间的价格战也很少发生。

信使类算法共谋的特征

作为一种明示共谋或显性共谋,与传统意义上的共谋相比,信使类算法共谋的特征可以从以下几方面进行描述。

共谋协议的达成更为隐蔽

共谋的达成,首先需要竞争者之间进行意思联络,同行的管理者参加酒会或其他类型的聚会,或许一个眼神,就能表达出某种意思联络。共谋的常见表现形式就是存在一个协议,这个协议表明经营者之间存在共同的意思表示。这种意思联络一定需要一个场景。而在算法的参与下,意思联络的表达更为隐蔽。共谋者利用算法,通过传递数据或信息的方式就可以实现共谋的意思表示。当某一个经营者通过调整价格、产量等数据,作为发出共谋要约的表示时,借助于以相似原理设计的算法，其他经营者可以及时地获取这些信息，而竞争者之外的其他主体对这些信息又很难获取。这样，共谋的意思联络的隐蔽性就加大，共谋协议的达成也就更为隐蔽。

共谋协议的实施更为隐蔽

实施共谋协议，需要共谋的各参与方的谈判与磋商。借助于算法，共谋协议的磋商过程更加隐蔽。在共谋的各参与方就共谋协议达成了共同意思表示之后，共谋的各参与方不需要再耗费人力和物力去进行多轮的谈判与磋商，而只需要利用算法就可以及时跟踪和观察各方的价格、产量等数据变动，并且利用算法的沟通，就可以找出参与共谋的各方都可以接受和共同维持的限定条件，从而可以有效地实施共谋行为，而且使得共谋行为的实施更加隐蔽。

在某些情况下，那些具有竞争关系的市场经营者，甚至根本就不需要进行具体的意思联络和磋商，他们只需要利用算法去跟踪彼此的商业决策，就可以借助算法来达成事实上的共谋行为。而对于这种共谋行为，人们更加难以发现。

共谋协议的维持更为隐蔽

在传统经济中，要维持一个共谋结构，需要对共谋参与各方的市场信息进行跟踪和监测，而完成这一工作，无疑需要花费很大的力气。而算法的参与，就使得这种跟踪与监测工作更省时省力，同时也更加隐蔽化。在共谋的维持过程中，市场经营者可以开发一种算法程序，专门用于对市场的监测，对共谋协议的各参与方的交易条件和相关数据进行跟踪，从而可以实时地了解共谋的各参与方执行垄断协议的具体情况。经营者利用监督式算法，一旦发现有哪一个参与共谋的经营者背叛了垄断协议，就可以及时采用触发战略，如采取价格战等措施，对背叛垄断协议的经营者实施惩罚。因此，算法的使用增加了共谋结构维持的隐蔽性，也使得卡特尔结构更为稳定，同时也增加了对共谋行为进行监管的难度。

共谋行为更为隐蔽

对于某些高度智能化的算法而言，共谋行为的实施过程，完全是企业在利用算法进行市场数据分析，并通过算法采取相应商业决策，这一过程是算法自动完成的。在这一过程中，对外部来说，共谋行为本身甚至根本就没有呈现出共谋的行为特征。正如前文所说，信使场景下的算法共谋，在有些情形下，事前可能并不存在经营者之间的共谋协议，甚至也可能并不是企业主观上要实行共谋，而只是企业追求利润最大化过程中的一个副产品而已。

需要说明的是，此处讨论的信使类算法共谋的基本特征，在其他类型的算法共谋中也同样存在，而且随着人类在算法共谋中的作用的递减，或机器自动化水平的递增，这些特征会呈现出越来越强化的趋势。

正因为如此，如何监管这一类的算法共谋，对监管者也提出了更高的要求。

信使类算法共谋的监管难点

也许是因为信使类算法共谋与传统共谋并没有什么本质上的区

别，计算机算法只是在共谋中起一个中间人的作用，无论是从监管上，还是从反垄断的角度，几乎没有文献对这类算法共谋进行专门的讨论。比如，柳欣玥在对算法共谋进行分类研究时，分别对预测代理型的算法共谋、中心辐射型的算法共谋及自我达成型的算法共谋进行了详细讨论，分析了每一种共谋在反垄断监管方面存在的困境，并提出了针对每一种共谋的反垄断建议，但唯独对信使类算法共谋未予讨论。[①]他们多数都认为，作为一种明示共谋，对信使类算法共谋的监管，完全可以依据现有的反垄断法和竞争政策进行，并不存在监管上的难题。但是，我们觉得，在监管这种最初级的算法共谋行为时，监管者仍然会面临一些与监管传统共谋行为不一样的地方，监管者面临的难题表现在以下几方面。

如何区分算法共谋行为的结果

针对传统的显性共谋行为，反垄断政策采取的是本身违法原则，也就是说，企业间的协议如果本身具有非常明显的限制竞争性质，如固定价格、限制产量、分割市场、串通投标等，就可以直接认定其具有不合法性，直接适用本身违法原则。

如前所述，算法共谋行为对市场竞争会造成多种损害。但另一方面，算法共谋行为在某些情形下，也有可能对市场竞争产生积极的正向影响。

一方面，算法在商业中有着重要的作用。OECD的报告也指出了算

---

① 参见：柳欣玥，垄断协议规制中算法合谋分类研究，《竞争政策研究》2019年第5期第10—41页。

法在商业行为中的广泛应用将会产生的效应。比如，企业可以通过算法对市场进行预测分析，从而可以及时了解和掌握市场价格的动态变化、消费者的消费行为与消费偏好的变化趋势，甚至也能了解和掌握各类生产要素等资源的配置情况等。企业还可以利用算法来调整自身的经营策略、改变与其他企业之间的相互沟通方式。OECD的报告认为，所有这些变化，对市场的演化过程，甚至对全球数字化的发展，都将产生推动作用。① 这样，在数字经济的背景下，随着算法技术的发展，对于算法共谋行为所产生的市场影响，人们可能就难以判别。

另一方面，在一般情况下，具有横向竞争关系的企业，如果对市场的交易条件达成了一致，如横向的价格一致行为，肯定会对市场竞争产生排除、限制的效果，从而破坏市场的竞争秩序，并最终损害消费者的福利。但是，一旦运用算法技术之后，算法共谋行为的实施，也有可能是某些行业提高整个行业绩效、促进行业技术创新的一种途径。比方说，一个行业内的所有企业共用一种算法，如所有航空公司的订票系统都采用同一种算法，这本质上就是一种协同行为。在这种情况下，每个企业都可以共享数据，会更容易激发数据驱动型的创新。也就是说，如果企业在有效共享数据的基础上，再结合机器学习，尤其是深度学习技术，数据驱动型的创新是极有可能发生的。

再者，前面已经提到，算法的广泛运用可以提升市场的透明度。而市场透明度越高，越有利于共谋的发生。但是，随着市场透明度的提高，这种状况也有可能会使得企业面临持续的创新压力，从而迫使

---

① 参见：OECD，2017，Algorithms and Collusion: Competition Policy in the Digital Age，www.oecd.org/competition/algorithms-collusion-competition-policy-in-the-digital-age.htm.

企业利用算法数据为消费者开发出新的产品或服务，进而促使企业从供给端提升技术创新的效率。

所以，如何界定算法共谋行为对市场的影响就存在着一定的困难，既要考虑共谋行为存在的排除、限制竞争的效果，也需要考虑它可能带来的效率促进方面的效果。

考察信使类算法共谋行为的市场效果，可以从以下几方面着手：如算法定价行为是促进了还是限制了相关市场的竞争？市场壁垒是提高了还是降低了？是否促进了技术进步？是否带来了可以持续性地提高价格从而获取垄断利润的能力？消费者能否获得由于技术进步或产品、服务的改进等所带来的利益？等等。如果信使类算法共谋行为对竞争的积极效果大于消极效果，反垄断法应当考虑对其予以豁免，否则，反垄断法应当予以禁止。

对共谋协议的举证问题

对信使类算法共谋进行监管，另一个难题是证明垄断协议的存在，或者说共谋行为的存在。我国反垄断法对垄断协议的界定，是指排除和限制竞争的协议、决定，或者是其他协同行为。这意味着，在表现形式上，共谋协议既可以是某一个具体的垄断协议，也可以是共谋者之间的某一个决定，或者是某一个具有一致性的协同行为。

而在信使类算法共谋的情况下，算法可以作为达成共谋的工具，或保证共谋得以实施的工具，经营者之间可能不需要签订具体的共谋协议，甚至也不需要建立某种明确的意思联络，算法的隐蔽性使得共谋行为不容易被举证，也就降低了共谋行为被发现的可能性。

在信使类算法共谋中，要证明垄断协议的存在性，有人认为可以通过反向推理的方式进行。① 具体来说，在发现经营者在采用定价算法使得产品或服务的价格具有一致性或趋同性之后，如果这种价格的一致与趋同，只有在彼此协调的情况下才能不违反经营者自身利益最大化的目标诉求，就可以推定经营者从事了价格协同行为，构成算法共谋。除非经营者可以提供相反的证据。换句话说，当我们要判断经营者之间是否存在信使类算法共谋，可以进行逆向思考。由于参与共谋的企业，不存在背离协议价格的动机，而相关市场上多个竞争性的经营者如果采用了包含触发战略的算法并引起了价格战，就可以推定，经营者之间是不存在共谋行为的，或者至少可以认为，即使存在共谋行为，这类共谋行为也没有得到有效的实施。同样，如果经营者之间的价格行为趋于一致，且没有相反的证据能够证明，它们之间可能发生价格战，那么，我们就可以推定，它们之间存在着信使类算法共谋行为。

有的文献认为，如果有明确证据表明经营者之间存在垄断协议，在反垄断规制中我们就可以采用本身违法原则进行监管。②

但是，仅仅证明存在信使类算法共谋行为的发生，是否就一定导致该行为会在反垄断法上被禁止呢？可能还要看这种行为是否有利于市场竞争，既要看共谋的目的或意图，也要看共谋的市场效果，也就是认定共谋行为的违法性。

在竞争政策中，某一个行为为共谋行为的判定标准是这种共谋行

---

① 参见：刘佳，人工智能算法的反垄断法规制，《河南大学学报（哲学社会科学版）》2020年7月第4期第80—87页。

② 参见：唐要家、尹钰锋，算法合谋的反垄断规制及其工具创新，《产经评论》2020年第2期第5—16页。

为排除和限制市场的竞争。这种排除和限制竞争，既包括意图排除和限制竞争，即有目的；也包括在结果上排除了和限制了竞争，即有后果。如果能够证明，经营者利用监督式算法进行定价的目的是排除和限制竞争，那么就可以直接适用反垄断法的本身违法原则，认定这一算法共谋行为违法的构成要件具备，从而依据反垄断法直接予以禁止。

而如果无法证明经营者利用算法定价的目的是排除和限制竞争，可能就要适用反垄断法的合理原则，针对这一算法定价行为对市场竞争所产生的效果再做进一步的考察。

从反垄断执法的角度来看，信使类算法共谋行为违法的构成要件是很容易确立的：要么是垄断协议本身具有违法性，要么是竞争者之间存在协同行为。当定价算法辅助了共谋时，问题的焦点依旧集中于人类本身的意愿。

共谋意图如何认定

对是否需要认定共谋的意图，存在两种不同观点。一种观点认为，对信使类算法共谋，不管是不是存在垄断协议，本质上仍然是共谋企业出于瓜分市场份额以获取超额垄断利润的主观故意。[①] 对信使类算法共谋实施监管，就应当注意调查其破坏市场竞争秩序的主观意图，而这种主观意图是隐含于算法之中的。而另一种观点则认为，在信使类算法共谋中，一旦共谋协议存在的证据是充分的，那么对企业

---

① 参见：李丹，算法共谋：边界的确定及其反垄断法规制，《广东财经大学学报》2020年第2期第103—112页。

间一致行动的意图认定就显得不那么重要了。①因为在信使场景的算法共谋中,算法只是起中介作用,是共谋协议的制定者与实际行动之间的一座桥梁,换句话说,算法只是人类意志在技术层面的延伸。

但是,如果要认定共谋意图,以及对垄断协议的调查与取证,实际上都会存在极大困难。首先,算法的使用,使得监管者难以确定共谋合意的存在。比如,在共谋的达成与协商阶段,算法的运用使得企业之间的意思联络方式完全改变了,企业可以通过对价格或产量进行微调的方式,或者是相互传达一些具有特殊意义的而又很难被外界察觉的数据等方式进行意思联络,从而使得共谋的达成过程具有了较高的隐蔽性。其次,算法使得共谋与协同行为的实施更为隐蔽。以往,在价格共谋的实施过程中,参与共谋的企业之间需要保持持续的磋商,以维持价格。而算法的运用,则使得共谋企业可以通过自动化的监控与价格调整机制来实现共谋价格的维持,而不需要其他形式的协商过程。显然,在这种情况下,监管者要监测价格协同行为,难度大大提高。最后,在算法参与的信使类共谋中,算法提高了垄断协议的内部监督力度,如监督式算法通过数据抓取,可以实时监督参与共谋企业的背叛行为,并及时触发惩罚措施。算法对于共谋的这一内部监督机制,一方面大大增加了参与共谋企业实施背叛行为的各类成本,另一方面则使得反垄断监管机构很难通过囚徒困境去破坏或瓦解算法共谋的信任基础,因而也就阻断了监管机构在监管过程中从卡特尔内部进行突破的监管渠道。

---

① 参见:(英)阿里尔·扎拉奇和(美)莫里斯·E.斯图克合著,余潇译,《算法的陷阱:超级平台、算法垄断与场景欺骗》,北京:中信出版社,2018年,第五章。

监管能力的滞后

自从现代意义上的行业监管出现以来,政府监管的演变过程总是表现出这样一种规律:监管机构的监管能力与监管方式,总是落后于行业的技术进步。一旦新的技术出现,并被应用到行业中,监管机构才会注意到这种技术的运用是否对市场产生影响,从而决定是否需要对这种行为进行监管。面对算法共谋时也是如此。当企业运用各种算法进行协同行动时,监管者意识到这一行为对市场竞争可能产生损害效果,因而在理论上和实践上开展对算法共谋行为如何实施监管的探索。但是,要有效监管算法共谋,对监管机构的监管能力却提出了很大挑战。比如,即使是在信使类共谋这类最初级的算法共谋中,也在两方面,对监管者的监管能力提出了更新的要求:一是在事前存在垄断协议的前提下,算法成了垄断协议的执行人,监管者需要寻找共谋垄断的证据,就可能需要在算法逻辑语言的识别上下功夫,这对监管人员的专业能力提出了新的要求;二是在事前不存在垄断协议的情况下,共谋企业虽然事前并不存在沟通,但存在共谋的主观故意。监管者要认定这种共谋意图,可能需要对算法源代码的逻辑进行分析,以找到共谋证据。这对监管者的能力同样是一个考验。随着人工智能程度的不断提高,越是复杂的算法,以及我们后面将要讨论的几种共谋情形,对监管机构专业能力建设的要求就越高。

与以往的共谋监督相比,反垄断监管机构在对算法共谋行为进行监管的过程中,除了需要面对上述难题之外,在对算法共谋行为的识别上,以及对算法共谋行为的证据收集上,也同样存在一定的难度。

算法共谋所表现出来的一些基本特征,如技术性、智能化、隐蔽性等,使得反垄断机构在监管共谋行为时,将会面临着一系列的技术难题。按照既有的反垄断分析范式和监管框架,监管机构将算法共谋行为清楚地识别出来是很难的;对监管机构来说,即便他们能够意识到市场经营者之间可能存在着算法共谋,但要想收集到经营者之间进行算法共谋的证据,也会遇到困难。对反垄断监管机构来说,之所以难以识别算法共谋行为,是因为算法共谋的特殊性。在识别算法共谋行为时,反垄断监管机构可能会面临着三方面的障碍。首先,识别共谋的难度加大。利用算法可以降低经营者之间的协调与沟通成本,扫除了经营者之间达成共谋的成本障碍,如此,算法共谋的情形变得更为普遍,而大大增加了反垄断监管机构察觉和识别算法共谋行为的难度。其次,监控范围扩大。我们前面讨论过,为了实施和维持共谋行为,需要有三个条件:市场经营者通常需要就某一策略达成一致、经营者能够对是否遵守共同协议彼此进行监督、经营者能够对背叛协议的行为进行惩罚。现在的情况是,利用算法可以大大降低市场经营者之间达成共同协议的成本,这就导致在算法条件下参与共谋的经营者的数量会大大突破传统条件下参与共谋的经营者数量。对反垄断监管机构来说,他们需要监控的对象将大幅增加,需要监控的范围也将不断扩大。最后,共谋的发现机制失灵。按照囚徒困境原理,每个合作者都存在背叛的动机,也有背叛的可能。而算法的出现及其在企业中的运用,使得在共谋的实施过程中,能够对共谋者进行实时监控,并对背叛行为进行及时处罚。这种威慑机制的有效性，使得每一个参与共谋的经营者都不会轻易选择背叛。对反垄断监管机构来说，利用囚徒困境原理来发现共谋行为的路径就被阻断了，那共谋行为的一个发现机制失灵了。

在搜集算法共谋的证据问题上，反垄断监管机构也会面临困难。传统来讲，以人的理性假设和囚徒困境原理为基础，在反垄断法律当中，人们建立了一种宽恕制度，来帮助反垄断监管机构去找出存在共谋行为的证据。但是，当算法在企业中得到广泛运用之后，在共谋过程中，人性多疑的弱点被大大消除了，因为机器建立起了经营者之间的信任感。即使出现背叛垄断协议的行为，也能够快速地被识别出来，并受到处罚。这样一来，由于算法的运用，就使得共谋结构变得非常稳定。而对于反垄断监管机构来说，针对共谋所采取的内部突破这一传统手段，就难以为继，要搜集共谋的证据，就需要另寻他途。另一方面，在算法共谋的场景中，存在一种透明度悖论，这也会使得反垄断监管机构在搜集共谋的证据时，将会面临两难选择。透明度悖论是指在面对算法共谋时，监管机构如果想要获得所需要的证据信息，就必须使市场更加的透明化；但是，市场透明度的提高，又会使得参与共谋的经营者之间的信息交流与沟通更为顺畅，也就会使得算法共谋本身变得更加隐蔽、共谋结构更加稳定，这样，又会反过来加大反垄断监管机构搜集共谋证据的难度。①

以上所讨论的这些针对算法监管中出现的难点问题，并不完全只

---

① 参见：殷继国、沈鸿艺、岳子祺，人工智能时代算法共谋的规制困境及破解路径，《华南理工大学学报（社会科学版）》2020年7月第4期33—41页。

是针对信使类算法共谋的，有些也是对其他类型的算法共谋进行监管时可能出现的共性问题。当然，在算法共谋中，随着人工智能程度的递增，监管难度会越来越大。我们将会在第七章中集中讨论对算法共谋的监管与治理问题。

CHAPTER IV

第四章
中心辐射类算法共谋：
算法由共谋的媒介成为共谋的枢纽

中心辐射类算法共谋，也被称为轴辐类算法共谋。在前面讨论的信使场景的算法共谋中，我们已经知道，计算机算法只是在共谋企业之间起到了一个中介作用，更确切地说，计算机和监督式算法只是人类共同意志（垄断意图）在技术层面上的延伸而已。而在中心辐射式的算法共谋场景中，我们将看到，计算机算法在共谋中的作用已经从一个中介变成了枢纽中心。正因为有了这样一个枢纽中心的存在，市场上的竞争者之间即使没有直接的沟通与交流，也能够达成价格上的共谋。我们还将结合相关案例，进一步讨论这类算法共谋的表现形式与特征，以及在利用反垄断政策监管这一类算法共谋时可能遇到的困难。

平行算法与中心辐射类算法共谋

中心辐射类算法共谋，也称为轴辐类（Hub and Spoke）算法共谋。主要是由平行算法引起的，更准确地说，是由市场上竞争对手共享定价算法所引起的。当市场中所有企业都将自己的算法的开发工作外包给同一家技术公司时，实际上会形成这样一个局面：市场上所有竞争者在开发自己的定价算法时，都使用同一个轴心（Hub）提供的定价算法，导致每个企业的定价算法相同或类似，并以此来制定各自的价格策略。在这种情况下，如果每一个企业都利用定价算法实时地跟随市场上的领导企业进行定价，而领导企业相应地通过动态定价算法把价格固定在竞争水平之上，这样，共谋的结果就可能出现。①

如前所述，在平行式算法中，市场中的主导企业在评估与计算之后，会确立一个利润最大化的价格，然后再收集市场竞争对手的价格，如果竞争对手的价格与自身确定的价格不符，立即采取以牙还牙战略引发价格战。因此，跟随企业只能将自己的价格与主导企业的价格设定为一致，才能避免受到报复。

这样，市场上的这些跟随企业通过一种辐条（Spoke）的形式与主导企业（Hub）连接起来，也就是说，市场上的所有企业利用算法形成价格共识，从而达成了轴心与辐条之间的纵向共谋。

平行算法的这种以牙还牙战略，与监督式算法的触发战略不一样的地方在于，它通过重复博弈，可以更有效地解决博弈中的囚徒困境难题。而且，还不需要各个企业进行任何沟通与协商，这些沟通的问题可以由算法成功解决。②

通过辐条与轴心连接起来的所有企业，它们本是有竞争关系的，而如果它们在使用相同的算法时，利用算法的反馈与自动决策机制，对市场协议价格做出反应，自动决策各自的定价策略，则可能达成横向共谋，从而消除企业之间的竞争。这种由纵向共谋而引出的横向共谋，就是中心辐射类算法共谋。在国务院反垄断委员会2021年2月制

---

① 参见：OECD，2017，Algorithms and Collusion：Competition Policy in the Digital Age，www.oecd.org/competition/algorithms-collusion-competition-policy-in-the-digital-age.htm。

② 参见：OECD，2017，Algorithms and Collusion：Competition Policy in the Digital Age，www.oecd.org/competition/algorithms-collusion-competition-policy-in-the-digital-age.htm。

定并发布的《关于平台经济领域的反垄断指南》的第8条中,将这种共谋行为称为轴辐协议。

所谓平行式算法,是指通过实时跟随市场数据的变动,为市场经营者分析数据并制定动态定价策略的一类算法,它已经被较广泛地运用在价格协同领域。在一个高度动态化的市场中,市场的供给与需求情况也是不断变化的。这就要求参与共谋的经营者就协同价格、协同产出以及其他交易条件进行经常性的调整。① 而平行算法正好有助于经营者应对市场的变化,帮助它们共同做出有意识的平行反应。首先,在高度动态化的市场中,经营者的市场价格的平行决策的自动化,有利于参与共谋的经营者降低它们调整垄断价格的协商成本;其次,即时性的自动化的动态价格调整机制,可以使得市场经营者之间的价格协同行为更为隐蔽;最后,利用平行算法,在没有必要进行实际沟通谈判的情况下,参与共谋的经营者就能够实现价格协同的目标,从而使得参与共谋的经营者之间的协同效率进一步提高。②

在这种算法共谋中,共谋者可能根本就没有必要相互沟通,即使他们彼此之间互不相识,也没有关系,计算机算法充当了枢纽中心。在这种共谋结构中,一定存在一个轴心,通过与轴连接的辐条,将各个共谋的参与者圈住,组成一个完整的车轮。③

同一个行业中的各家企业都能意识到动态定价算法的固有优势,

---

① 参见: OECD, 2017, Algorithms and Collusion: Competition Policy in the Digital Age, www.oecd.org/competition/algorithms-collusion-competition-policy-in-the-digital-age.htm。

② 参见: 谢栩楠, 2021, 算法合谋反垄断规制的原理、挑战与应对,《深圳社会科学》2021年3月第2期第107—119页。

③ 参见:(英)阿里尔·扎拉奇和(美)莫里斯·E.斯图克合著,余潇译,2018,《算法的陷阱:超级平台、算法垄断与场景欺骗》,北京:中信出版社,第51页。

但是，要自己开发和运行一个动态定价算法系统，成本很高，这些企业就有理由把这项开发工作外包出去，由一个定价系统服务商来完成这一工作。虽然这些企业并没有事先进行商量，但是由于他们使用同一个定价算法来处理市场数据，并对市场价格波动做出反应，结果就是，企业的市场行为将奇迹般地趋同，他们相当于使用相似的主脑为自己的定价决策提供依据。因为，随着大数据的发展，以及动态定价对技术要求的提升，市场中的许多企业都会选择将定价工作外包给定价算法服务商，而且对服务商的依赖会越来越强。[①]选择定价工作外包，既节省人力，又提高效率。波莫朗（Boomerang）就是一个提供算法服务的信息科技公司，很多大型零售企业都是它的客户。随着客户的增加，定价算法也将因获得更多的数据而不断升级。

平行式算法的功能之一，就是它可以自动为所有企业设定一个最优价格。因此，在竞争者数量较多的行业中，平行式算法通常会得到更多的运用。在这样的行业中，如果众多的竞争者都打算使用同一种定价算法工具，或者利用同一个定价平台来进行交易，那么，以算法为中心，整个行业中的企业，就有可能实现价格协同行为，从而达成横向的价格共谋协议。而且由于这种横向的垄断协议本身具有一定的隐蔽性，反垄断监管机构要查处这种共谋行为是很难的。

在中心辐射类算法共谋场景中，存在着一个轴心（Hub）和无数的辐条（Spoke）。轴心是为经营者提供定价算法的某个供应商或某个平台，辐条是供应商或者平台与众多的经营者之间达成的多个纵向

[①] 参见：(英)阿里尔·扎拉奇和(美)莫里斯·E.斯图克合著，余潇译，2018，《算法的陷阱：超级平台、算法垄断与场景欺骗》，北京：中信出版社，2018年，第52—54页。

协议，这些经营者也就是使用同一个定价算法的下游企业。在这种场景中，平台与下游经营者之间，通过算法，借助于辐条的连接，在价格上实现了协同。这种纵向协议，也许也会产生限制或排除竞争的效果，但是，它本身并不一定违法。然而，处于辐条的另一端，在下游的众多经营者之间，则可能并不一定存在横向垄断协议。

那么，这类潜伏在定价算法背后的中心辐射式共谋，我们应当如何把它找出来呢？当企业都主动向作为枢纽中心的定价算法服务商提供数据，并委托算法服务商承担定价工作时，他们很有可能清楚地知道，自己的竞争对手也在做着同样的事情。定价算法的服务商是在使用客户自己提供的数据为其提供最优定价策略指导。从实际效果来看，采用同一定价算法之后，市场价格得以稳定，避免了价格战，而各个企业以及定价算法服务商也都能获得相应的回报。当然，市场中的竞争者也有充分的理由，为自己的这种行为进行辩护，但是，他们也清楚地知道，这样的一致行为，有可能抬高商品的市场价格，并提升自己的商业利润。于是，当同行业的各家企业都选择将定价工作外包给同一家算法服务商时，或者各家企业都使用同一种算法进行定价时，那么，由算法驱动的中心辐射式共谋就出现了。

但是，这种由算法驱动的中心辐射类算法共谋，既有可能是为了蓄意破坏竞争秩序而产生的，也有可能是因为广泛使用了同一个定价算法而造成的无心之失。也就是说，这类算法共谋，可能只是结果，而并非初衷。

按照唐要家等人的看法，在中心辐射类算法共谋中，具有竞争关系的企业共同采用第三方提供的相同的定价算法，或者在同一个平台下经营的企业共同采用平台提供的相同的定价算法。[①]这样，他们将中心辐射类算法共谋进一步区分为两个层次的算法共谋，一个为代码层次的算法共谋，一个为数据层次的算法共谋。在代码层次的算法共谋中，算法软件开发商开发出一套定价算法软件代码，并将它适用于所有企业。在代码层次上的协调，其主要目的就是实现共同的价格决策。而在数据层次的算法共谋中，平台主要是起到一个数据池的作用，它可以使得具有竞争关系的经营者以相同的大数据为基础来进行定价。在数据层次上的协调，其主要目的就是实现信息交换和决策数据共享。无论是哪种层次的中心辐射类算法共谋，具有竞争关系的企业之间共谋的达成，都是通过采用共同的算法来实现的。因此，中心辐射类算法共谋，与传统的采用共同定价公式的共谋方式相比，在本质上并没有太大的区别。只不过在中心辐射类算法共谋中，平台与它的经营者之间存在一个纵向协议，而且，这种纵向协议是实现横向的价格共谋的前提和手段。

中心辐射类算法共谋的实现

在传统的企业经营模式下，企业管理者可能每天都需要关注市场的变化，尤其是一些周期性的经营指标。比如，市场供给状况、产品或服务的价格水平、原材料成本的变化、产品的库存状况，等等。但在数字经济时代，尤其是人工智能出现以后，企业管理者可以从这些

[①] 参见：唐要家、尹钰锋，算法合谋的反垄断规制及其工具创新研究，《产经评论》2020年第2期第5—16页。

事务性工作中解脱出来，因为这些工作都可能交给机器去完成。计算机算法可以实现企业经营数据的自动更新，并自动优化对资源的配置，以实现企业的利润最大化。但这并不是说，所有企业都有这样的能力。市场上那些具有一定规模的经营者，如主要的平台企业，它们具备这样的能力，可以自主研发出一套合适的定价算法，而对大多数普通的经营者来说，要研发一套算法，可能就有心无力了。这样，一种新的服务模式就产生了：云平台服务商或者是算法服务提供商为众多小型企业提供电子商务平台算法服务。如果一个平台内的经营者越来越多地接受这种算法服务，那么，就可能出现这样一种现象：在一个平台内可能普及一种一致的定价算法，随之而来的情况可能就是，在一个互联网平台之内，所有经营者的市场定价策略就不可避免地达成了一致。

我们尝试以某一个互联网平台为例，来说明这种中心辐射式算法共谋是如何实现的。

假设电子商务平台T，作为一个互联网销售平台，它为众多的中小经营者提供商品销售服务。① 如果从传统的思路出发，平台内的这些经营者在进行定价时，需要考虑的因素很多，而要把所有这些因素所涉及的信息与数据进行收集和处理，它们肯定不具备这样的能力或精力。而在大数据与云计算的运营，T平台已经积累了大量的技术资源，它可以为在它平台内从事经营的众多小型商户提供算法服务。这种算法或算法程序，既可以帮助经营商户即时跟踪与获取同类商品的

---

① 参见：丁国峰，大数据时代下算法共谋行为的法律规制，《社会科学辑刊》2021年第3期第127—136页。

价格、存量、供需状况等相关信息，也可以根据经营者的产品成本与费用等基本经营信息，为这些经营者自动且科学地制定价格，并为这些经营者给出进货或者出货的建议。显然，平台内的这些经营者一般都不会拒绝这种服务。这将导致一种结果：由平台算法自动确定的商品价格，事实上可能被同类商家共同接受，并把它作为市场价格。

这样，众多的小型经营者接受了平台提供的算法服务，就相当于它们与平台之间，达成了多个平行的纵向协议，这种协议是以服务合同的形式出现的，平台就是轴心（Hub）。平台内的各个经营者或商户，通过纵向协议与这个轴心联结起来，这个联结的纽带就是辐条（Spoke）。这种纵向协议，表面上与限制竞争好像没有什么关系。但是如果这种纵向协议的数量巨大，又会出现什么问题呢？所有的这种纵向协议表面上都是独立存在的，它们之间好像没有什么关联。但实质上，所有的这类纵向协议都有一个连接点，那就是，它们都是采用一样的算法。后面将要提到的优步（Uber）的案例中，优步与每一个合作司机之间的纵向协议也是这样的情形。尽管平台内的每一个商家都有权自主调整自己的商品价格，但是，在多数情况下，由于大家采用的是共同的算法，定价总会趋于一致。这样，具有竞争关系的各个商户之间就出现了事实上的横向共谋。于是，这种由纵向共谋而导致的横向共谋，即所谓的中心辐射式的算法共谋，就出现了。

在这种共谋场景下，平台内的每一个商家并没有为了协同定价而在事前进行任何形式的沟通或串谋，仅仅是因为使用了统一的定价算法，就导致了价格协同的结果。在这种情况下，监管机构是否一定要对平台进行反垄断调查，或者，T平台是否构成垄断，就是摆在监管机构面前的一个问题。我们知道，在市场高度透明的情况下，平台内的经营者也可以实现较精准的定价，只是可能要更费时费力一些。现在，由于算法的使用，大大节约了平台内经营者的成本，尤其是时间成本，从而提升了市场运行效率。从这一方面来说，监管机构不应当对此过于苛责。而如果这种趋于一致的定价损害了消费者的权益时，比如，商品价格大大超出或偏离商品的价值，监管机构就不可能放任不管。同样地，在这种中心辐射式算法共谋场景中，T平台是否构成垄断，也可能需要监管者基于算法的逻辑来进行判断。我们在第七章中将会讨论算法的逻辑问题。

现在，我们再将这一问题稍微扩展一下。假设在T平台之外，还存在一个J平台，T平台与J平台是竞争关系。某一个经营者或商家（假设为A）本来是在T平台内经营，但它现在也想与J平台建立某种合作关系，即也想在J平台内从事经营活动。我们假设存在这样的前提，T平台与J平台的算法存在不同，而且J平台目前并没有为平台内的商家提供算法服务。在这种情况下，T平台一定会特别关注平台内商家的动向，并对A商家的行为进行限制，比如，要求它二选一，要么在平台T内经营，要么在平台J内经营。丁国峰在文献中以格兰仕诉天猫滥用市场支配地位的纠纷为例，较好地说明了平台二选一的内在原因。[①]假设，格兰仕在天猫平台上经营，并且已经与天猫签订了算法服务协议。现在，格兰仕还想与京东也建立起类似的合作关系，在京东的平台上也开展经营活动。那么，面对格兰仕的做法，天猫可能就会存在这样的顾虑：在京东平台上，格兰仕很有可能会借助它长

---

① 参见：丁国峰，大数据时代下算法共谋行为的法律规制，《社会科学辑刊》2021年第3期第127—136页。

期以来从天猫这个平台所获得的服务信息,在参与电子商务平台的竞争中,使自己获得某种竞争优势;而通过对格兰仕以往定价的分析,京东这个平台也有可能挖掘出天猫的定价策略。前者的担心在于,这容易使得同样的商品在不同的平台之间价格不一样,后者的担心则在于,这会使得自己的商业秘密与技术成果有可能被别人剽窃。再者,如果价格信息在平台与平台之间不能完全共享,那么,在不同的平台之间,同类商品的价格存在较大的差异,将是一个大概率事件,而这一定会引起消费者以及监管机构的关注,从而可能给平台带来不必要的麻烦。

可见,中心辐射式场景下的算法共谋,比信使场景下的算法共谋就显得更为复杂。在这种共谋场景下,至少涉及三组关系,比如,平台与平台内的经营商户是一组关系,平台内的各经营商户之间是一组关系,还有平台与平台之间这一组关系。这样一来,原来垄断协议中的单向度联系,已经变成了多向度联系,甚至是环向交叉联系。

接下来的一个情景,我们不能确定是否可以把它作为一个轴辐协议的例子,抑或我们可以把它看作轴辐协议的变体。人们知道,使用监督式算法也并不一定就是为了促成共谋,但它同样也可以达到限制竞争的作用。2021年5月,平台巨头亚马逊因为限价成为被告,华盛顿哥伦比亚特区总检察长对亚马逊提起反垄断诉讼,指控亚马逊阻止卖家在其他平台提供更优惠的价格。亚马逊要求第三方商家,即在亚马逊上经营的商户,在亚马逊平台上的商品价格保证全网最低,且第三方商家在自家网站上的价格也不能比亚马逊的还低。亚马逊是如何做到这一点的呢?亚马逊为此专门开发了一个价格监控系统,自动抓取、比较第三方商家在全网的价格,如果发现有更低的，系统会给第三方商家发出警告，接下来可能就是罚款、冻结订单甚至下架商品等。而由于亚马逊在美国电子商务市场上具有绝对的支配地位，第三方商家只能被亚马逊的系统给困住，逃无可逃。同时，第三方商家也可能在市场份额较小的其他电子商务平台如Walmart或者eBay上同时出售商品，但它们本可以以较低的价格实行薄利多销，但亚马逊的做法使得它们的商品价格必须和亚马逊的价格一样高（不能比亚马逊低），最终导致全网的价格都上涨，消费者要多花钱。

在这里，亚马逊的做法，跟平台二选一的做法一样，它与商家之间是一种纵向协议。但这种纵向协议所导致的并不是平台内各商户之间的横向协议，而是大的平台与其他小平台之间所有商户的共同的价格协同行为。①

中心辐射类算法共谋的形式

我们首先来看两个中心辐射类算法共谋的现实案例。从这些案例中，我们可以看到，这类共谋行为在形式上似乎并不复杂。我们也可以从中简单地看到这类共谋行为的特征。

---

① 以美国反垄断司法实践来看，本案短期内不会有审理结果。从经济学上，平台二选一的目的是为了争夺消费者。但亚马逊无须这么做。因为在美国电子新市场上它们的市场均份额足够大，几乎达到70%，二选一不会给它带来利益。直接限价，虽简单粗暴，但来钱更快。亚马逊的行为是典型的垄断。但我们此处想讨论的是由亚马逊的限价行为所导致的全网价格固定是不是一种共谋行为。

伊图拉斯公司案例[①]

立陶宛一家名为伊图拉斯（Eturas）的公司使用折扣算法为下游旅行社之间达成有意识的平行行为提供了帮助。伊图拉斯公司研发的一个在线旅程预订系统，称为E-TURAS软件。通过与伊图拉斯公司订立许可合同，下游旅行社可以通过这个在线旅程预订系统向顾客提供旅行预订折扣。早在2010年，立陶宛竞争委员会就根据使用E-TURAS系统的其中一个旅行社所提供的信息，对伊图拉斯公司展开了调查。根据这些信息，使用这个预订系统的旅行社似乎在通过该系统所给出的旅行预订折扣上相互协调。调查显示，2009年8月25日，伊图拉斯公司的经理向多个旅行社发送了一封标签为投票的电子邮件，以询问收件人是否愿意调整网站上的折扣，将原来的4%的折扣下调为1%~3%的差幅折扣。具体来说就是，伊图拉斯公司要求旅行社将各自的折扣率控制在3%以下，如果有哪个旅行社的折扣率超过3%的话，伊图拉斯公司的在线预订系统会自动将它调整为3%。为此，伊图拉斯公司要求各旅行社对这一建议安排进行投票。但是，伊图拉斯公司给各旅行社的通知并不是通过邮箱发送的，而是通过它自己开发的在线预订系统中的信息系统端口发送的。在这个端口里，这个通知只能使用受密码保护的网关才能读取。2009年8月27日，8家旅行社的网站陆续对3%的旅程折扣做了广告宣传。在旅程预订过程中，网站会弹出一个窗口，以告知其预订人，其选中的旅程将享受3%的

[①] 该案例转引自：梁彦红、王延川，数字市场背景下的算法合谋，《当代经济管理》2020年第9期第93—97页。

折扣。竞争委员会在2012年6月7日的裁决中认为，2009年8月27日至2010年3月间，伊图拉斯公司及30家旅行社通过E-TURAS软件给出预订折扣的行为是一种反竞争行为。而所有在涉案期间使用该预订系统而未提出异议的旅行社均违反了竞争条款，因为他们理应联想到，该系统的其他使用者也可能将他们的折扣率控制在3%以内。法院做出的裁决认为，这些旅行社在收到通知后，虽然并没有对伊图拉斯公司的投票提议进行回应，但是它们也没有公开采取避嫌的行为，因此构成了价格共谋。据此，竞争委员会推断，这些旅行社之间已相互告知其在未来将实施的折扣率，并通过暗示或默认的方式间接表达了在相关市场上对其行为的共同意志。故此，竞争委员会认为，上述旅行社在相关市场上的行为应当被解读为达成一项协同行为。①

在这个案件中，法院认为，旅行社使用第三方公司提供的算法，存在纵向协议。同时旅行社收到算法，实时协调定价以跟进设定的折扣比率的通知，表明它们知道算法会帮助它们达到共谋的结果。作为竞争者的各旅行社如果想要得到豁免的话，除非它们能够举证以证明它们并没有查看伊图拉斯公司通知的内容。所以，虽然作为具有竞争关系的各旅行社表面上是各自决策，但产生的结果却是高度统一的，这似乎是"偶然"造成的，但法院还是从整个运作过程中推定出竞争者具有共谋的"意思"。立陶宛竞争委员会也宣布旅行社的这种行为构成非法共谋。在这个案例中，既存在伊图拉斯公司与各旅行社之间的纵向协议，也存在作为竞争关系的各旅行社之间的协同行为。这是一个典型的轴辐卡特尔形式的算法共谋案例。

---

① 转引自：周围，算法共谋的反垄断规制，《法学》2020年第1期第40—59页。

优步（Uber）案例

优步案件也是一个典型的基于算法的中心辐射类共谋案件。

案件的背景大致是这样的。2015年底，美国康涅狄格州的迈耶尔（Spencer Meyer），在美国纽约南区联邦地区法院，代表他自己以及类似情况的乘客，对优步的联合创始人也是前任CEO的卡兰尼克（Travis Kalanick）提起反垄断集团诉讼。2016年初，迈耶尔又提出修订版的起诉状，指控卡兰尼克，以及那些利用优步提供的定价算法的司机之间达成了共谋，认为这种共谋限制了司机之间本应该存在的价格竞争，从而损害了包括他自己在内的优步乘客的利益，从而违反了美国的反垄断法《谢尔曼法》以及纽约州的《唐纳利法》（Donnelly Act，为纽约州统一商法典）。之后，案件经过了几次来回。先是2016年2月，被告向法院提出动议，请求法院驳回原告的起诉；原告提出反对意见后，被告再做出回应。随后，原告和被告双方都进行了口头陈述。到了2016年3月，在综合考虑了双方提供的材料以及陈述之后，法院否决了被告提出的驳回原告起诉的动议。2016年5月，卡兰尼克再次提出动议，要求追加优步一同作为被告，法院支持了这一动议。在这之后，优步也向法院提出动议，它要求将这一争议提交仲裁。虽然它的仲裁请求被一审法院拒绝了，但是，上诉法院最终还是同意了这一请求，将这一争议转为仲裁。①

这一案件的主要争议在于轴辐协议存在与否。优步所在的打车市

---

① 本案例转引自：陈永伟，人工智能的算法合谋挑战，《互联网经济》2019年第4期第42—47页。

场，实质上是一个依托移动应用而生成的共享乘车服务市场。我们现在在各个城市中都能体验到这种服务。在美国市场上，优步所占有的市场份额超过了80%。在原告迈耶尔看来，优步为每一个合作司机都提供了书面协议。当合作司机同意并接受优步提供的书面协议条款，并且为使用优步APP的乘客提供乘车服务的时候，就意味着这些合作司机是同意参与共谋的，从而使得司机之间本应该存在的竞争消失了。迈耶尔认为，这一横向共谋行为，对于他所代表的集团造成了损害。而他所代表的集团，是指这样一些人：所有在美国某一个场合或多个场合使用过优步APP，而且从优步的合作司机那里获得了乘车服务，并按照基于优步定价算法制定的乘车价格支付过乘车费用的人。此外，迈耶尔还认为，卡兰尼克和优步还多次在线下组织司机见面会，这也有助于共谋的达成。

而在被告卡兰尼克和优步看来，每一位司机同意优步的书面协议的相关条款，只存在着每一个司机与优步之间的纵向协议，并不能表明司机之间存在横向协议；而每一个司机做出决定与优步签订合同，也只是每一个合作司机各自的独立行为。这一点，并不足以支持原告有关共谋的指控。

然而，在案件的审理过程当中，法庭更倾向于支持原告迈耶尔的主张，认为被告确实参与并组织了司机之间的横向共谋。同时，法庭也认同原告迈耶尔的另一个主张，认为被告还存在纵向共谋。

从上面两个案例中，我们可以看出，中心辐射式算法共谋的表现形式其实也很简单，一是委托第三方创设定价算法，另一个就是直接由平台提供定价算法。通过这两种方式来实现纵向共谋，并由此导致了事实上的横向共谋。

第三方开发定价算法

为什么企业不自己开发定价算法,而选择将自己的定价算法外包出去?扎拉奇和斯图克举了波莫朗(Boomerang)公司的例子。① 波莫朗公司是一个信息科技公司,它专门为企业提供定价算法服务。根据对单个产品做出上百个离散数据点分析,当然也包括竞争对手的价格,波莫朗公司所掌握的算法软件可以做到对近百万种商品进行实时定价,它宣称自己可以帮助客户避免一场由算法驱动而引起的价格战。因为以算法软件提供的数据信息为基础,波莫朗的客户可以就什么时候调整价格、是不是需要跟竞争对手进行价格战等策略做出综合考虑。现在,很多大型零售企业都成了波莫朗公司的客户,尤其是一些所谓顶尖的零售商也正在使用波莫朗公司的定价工具。

在这种情况下,似乎还不能说波莫朗公司与它的客户是在进行价格垄断。但是,也存在这样一种可能:假设A企业运用波莫朗公司的算法对它在线上出售的产品进行定价,而A企业的竞争对手也是波莫朗公司的客户,那么,同类产品的定价会出现什么样的情况呢?市场上的每一个商家都有充分的理由认为自己无意操纵价格。毕竟,选择将定价工作外包,是一件既节省成本,又能提高效率的事情。事态的发展可能还不仅限于此。如果波莫朗公司能够争取到更多的出售同类产品的商家成为它的客户,那么它就能获得更多的数据,而基于这些大数据,具有自主学习能力的定价算法就有可能得到进一步的优化与

---

① 参见:(英)阿里尔·扎拉奇和(美)莫里斯·E.斯图克合著,余潇译,《算法的陷阱:超级平台、算法垄断与场景欺骗》,北京:中信出版社,2018年,第52—54页。

升级。最终的结果可能是，任何一家小型的零售商如果决定自己开发定价软件，它都不可能是波莫朗公司的对手，最后，可能所有的零售商都会选择接受和使用波莫朗公司的定价算法服务。

当每个商家都选择将自己的定价工作外包给定价算法服务商时，相应的问题也就产生了。定价算法服务商一定会向每一个商家承诺，它所提供的定价算法的目标是为企业实现利润最大化。但是，在它的数据库里，既有A企业的销售数据，也有A企业的竞争对手的销售数据。不言而喻，此时，市场上同类商品的价格也必然趋同，竞争消亡了。

这样，基于定价算法的中心辐射式的共谋就出现了。每一个零售商，很多还是具有竞争关系的，都为定价算法服务商提供数据，并委托作为枢纽中心的定价算法服务商承担定价工作。定价算法服务商利用客户自己提供的数据，为每一个零售商提供最优定价策略。结果，市场价格可能被固定下来，每一个零售商和定价算法服务商都能获得相应的回报，市场上的竞争对手也都有充分的理由为自己的这种行为进行辩护。然而，这种一致行动有可能抬高商品的市场价格并促成自己的利润增长。这样，当同一个行业中的每一家企业都选择将定价工作外包给同一家定价算法服务商，或者每一家企业都使用相似的定价算法时，由算法驱动的中心辐射式的共谋场景就将出现。由于这种算法共谋是因为所有经营者都使用第三方开发的定价算法，人们也将这种算法共谋称为基于代码的算法共谋。

平台提供定价算法

除了第三方定价算法服务商之外，还有另外一种中心辐射式算法共谋,是由数据驱动的。比如说,一个平台,它联结着商家与消费者。每一个商家的产品和服务的价格都由平台开发的定价算法来确定,交易双方均接受这一价格。

我们仍然以优步为例来说明这一问题。优步是一个提供快车预订服务的科技公司。优步的合作车主并不和乘客议价,在无现金、无小费、省麻烦的政策安排下,由定价算法确定的乘车资费会从乘客的信用卡中被自动划款,对于这笔收入,优步公司抽取其中的20%~25%,余下的则是合作车主的劳动报酬。优步的动态定价算法会为乘客提供一个基准的车费价格。再根据实时用车需求,与可接单车辆的供给变化,做出相应的溢价调整。比如,在极度恶劣天气里,纽约市的优步价格可能要比平常高出8倍以上。① 也就是说,对于基准车费,什么时候上调价格,在哪一区域、什么时间段上调价格,调整幅度是多少等问题,优步的定价算法统统替本是竞争关系的司机朋友做了主。但是,当越来越多的乘客与车主开始依赖优步平台时,定价算法在打车市场中的运用又会给市场价格带来什么样的影响呢?

在众多市场竞争者都依靠同一个定价算法的情况下,市场竞争机制的发挥恐怕会面临着阻碍,因为这种做法可能导致产品或服务的市场价格被抬高。虽然一个孤立的纵向协议本身并不必然构成不正当竞争,它同样也无法表明参与者操纵价格的企图。但是,当互为竞争关系的市场卖家开始共用同一个定价算法(所谓的中心枢纽)时,竞争

---

① 参见:(英)阿里尔·扎拉奇和(美)莫里斯·E.斯图克合著,余潇译,《算法的陷阱:超级平台、算法垄断与场景欺骗》,北京:中信出版社,2018年,第57页。

秩序就会由此而受到破坏，因为市场价格已经今非昔比。①这种中心辐射类算法共谋也被称为基于数据的算法共谋。

所以，概括来说，中心辐射型的算法共谋的实现，主要是通过两种形式：一种是，互联网平台把一个算法统一提供给平台内的所有商户来使用。这种实现方式在中心辐射类算法共谋中最为常见，而且，随着互联网平台经济的快速发展以及平台的不断壮大，这种方式将不可避免地大量涌现。另一种形式是，掌握了核心数据或者技术的某些算法设计者或开发者，把他们开发出来的算法，或销售，或特许，统一提供给市场上的所有经营者，使得这些经营者都使用相同的算法开展经营活动。通过这两种方式所实现的中心辐射式算法共谋，既存在着纵向协议，也存在着横向的协同行为。

中心辐射类算法共谋的特征

通过上面的描述，我们可以对中心辐射式的算法共谋进行一个简单的刻画。第一，在中心辐射类算法共谋行为的实施过程中，涉及两个层次的主体，一个是算法的设计者或算法的提供者；一个是使用算法开展经营活动的经营者。第二，在开始的时候，作为算法的使用者，市场经营者打算利用这一算法开展共谋行为的主观意图可能并不存在；而作为算法的设计者或提供者，在主观上他们是不是具有这样的目的，即通过提供统一的算法来控制市场和妨碍竞争，对于这一

---

① 参见：（英）阿里尔·扎拉奇和（美）莫里斯·E.斯图克合著，余潇译，《算法的陷阱：超级平台、算法垄断与场景欺骗》，北京：中信出版社，2018年，第57页。

点，同样也是不能确定的。第三，在算法的设计者或提供者将这一算法分别分发给每一个经营者之后，在算法的提供者和算法的使用者之间，就形成了一个明确的纵向交易关系或纵向协议。第四，众多的经营者在使用这一相同的算法而开展经营活动的过程中，他们在横向上可能形成了协同行动的结果，而且这一结果，排除和限制了市场的竞争。① 也就是说，作为中心辐射类算法共谋，其共谋过程行为特征主要表现为：算法的设计者或算法的提供者，将算法纵向地分别提供给每一个市场经营者，这样，在使用这一算法的市场经营者之间，事实上就会形成一种横向的协同行为，并最终对市场的竞争秩序造成危害。在这一类型的算法共谋行为中，算法设计者或算法提供者是共谋的组织者和发起者，他们也是共谋的中心枢纽。通过纵向交易行为，他们与每一个市场经营者签订纵向协议，并将相同的算法分发给每一个与他们签订了协议的市场经营者，从而达到这样一种效果，所有的市场经营者统一使用相同的算法，而这最终将影响到市场的横向竞争。因为这种共谋呈现出中心辐射的状态，所以人们将其称为中心辐射类算法共谋。

  前面说到，算法的设计者或算法的提供者，在主观方面，并不一定直接具有限制市场竞争的目的，换句话说，他们提供算法的目的，也许并不是限制市场经营者之间的竞争，他们的行为仅仅是涉及提供算法和与经营者签订纵向协议。但是，如果监管机构要把他们的这种行为认定为一种中心辐射式共谋，那么，监管机构至少应当确认算法

---

① 参见：柳欣玥，垄断协议规制中算法合谋分类研究，《竞争政策研究》2019年第5期第10—41页。

提供者具有这样的目的，即他们想要控制市场的交易条件，而且他们也明知自己实施这种行为的后果是可能导致在市场经营者之间产生横向协同行为。例如，一个互联网平台企业向平台内的经营者提供统一的算法，这种行为本身可能就存在多个目的。一个可能的目的是，通过分发统一的算法，平台可以进一步收集用户的数据；也有可能是这样的目的，平台通过统一的算法，可以对平台内的经营者的经营行为进行监督；甚至还有可能是这样的目的，平台通过统一的算法，可以使得平台内的经营者能够执行平台的统一营销计划，这样可以吸引更多的消费者。这样看来，平台统一提供算法的行为，虽然在客观上也许会造成在经营者之间产生协同行为，但是在主观上，算法的提供者并不一定具有这样的主观意图：通过控制市场交易条件，来损害市场的整体利益，从而获得利润最大化。因此，在分析算法提供者的行为时，就必须以合理原则为前提而谨慎地展开。从另一个角度来讲，在面对算法提供者的优势地位时，作为算法的使用者，平台内的众多小型商户，虽然同意采用平台提供的统一算法，但是，这并不一定就表明，他们使用这种统一算法是为了与竞争对手达成协同行为。有时候，对于自己能够使用哪一种特定的算法来开展经营活动，他们往往是没有选择权的。一方面，选择一种算法，通常可能是加入某一个互联网平台的必要条件，经营者要加入一个平台，就必须满足这个条件；另一方面，之所以选择这一算法，或者是由于算法技术是这个市场中的一个关键要素，而作为经营者，不得不予以采纳。

上一章关于信使类算法共谋的特征，同样适用于中心辐射类算法共谋，而且在表征上呈现出更进一步强化。无论是共谋协议的达成，还是共谋协议的实施、共谋协议的维持，抑或是共谋行为，都比信使类算法共谋更为隐蔽。因为尽管存在明确的纵向协议，但是，经营者之间的横向协议本身并不存在，而是要通过经营者使用统一算法之后的价格协同行为去发现并证明存在着默示共谋。

中心辐射类算法共谋的监管难点

我们前面讨论过信使类算法共谋对反垄断监管提出了更高的要求。在监管信使类算法共谋时会遇到的困难，在监管其他类型的算法共谋时同样也会遇到，而且可能会更为棘手。

而针对中心辐射类算法共谋，在做出相应的监管之前，监管机构对以下问题可能需要做出进一步的分析：这种共谋行为的性质是什么，或者说，这种所谓的共谋行为是否构成反垄断法意义上的垄断协议；如何找出中心辐射类算法共谋的意图；对这种协议应当如何界定；在这种共谋行为中，不同层次的主体的责任应当如何划分和认定；同时，对算法运用行为的可能风险是否能够给予特殊的关注。

如何认定中心辐射类算法共谋的性质

中心辐射类算法共谋的结果是，它在客观上导致了横向的协同行为，从而限制与排除了市场竞争，故而人们把它作为一种垄断协议（轴辐协议）。但是，对于那些直接使用算法从事经营活动的企业来说，它们一开始可能并没有进行共谋的主观意图，它们可能纯粹是从经济和效率的角度出发而选择使用定价算法。至于算法的设计者和算法的提供者，对于它们是否存在控制市场的主观目的，这一点虽然并不能确定，但是，它们提供算法的直接目的，很可能并不是要对市场经营者之间的相互竞争进行限制，只是它们提供算法的行为，在客观上达到了限制市场竞争的效果而已。因此，对于使用统一算法的行为是否构成垄断协议这样的问题，肯定就会存在争议。这显然需要监管机构做出认定。如果仅仅对算法的提供者与算法的使用者之间的纵向协议进行分析的话，一般来讲，人们要从中提取出反竞争的主观意图，也是很难的。但是，如果一个行业中的所有经营者都与算法提供者达成了类似的纵向协议的话，那么，在一种中心辐射型的经营网络之中，就很有可能导致在横向的竞争者之间产生某种协同行为，甚至可能会导致在整个行业中出现价格上涨的情况。这个时候，算法的设计者和算法的提供者是否就会蠢蠢欲动，并产生出影响市场的主观意图呢？另一方面，使用统一算法的行为所产生的市场影响也可能是有利于消费者的。比如，统一的算法完全可以将某一个商品的价格固定在某个合理的范围之内，这样，可能不仅不会影响到市场的竞争，甚至还有可能给消费者带来好处。这说明，只有当算法对价格的控制达到一定的程度时，才有可能引发出反垄断监管所关注的限制竞争的效果。问题是，算法对价格的控制达到一个什么样的程度，才算是限制竞争？也就是说，这个度到底应该如何把握？所有这些问题，对监管机构来说都是一个考验。

从另一个角度来看，市场经营者使用统一算法的行为，可能还不足以构成垄断协议。因为，我们如果要判断经营者使用统一的算法技术对市场竞争的影响，那么，我们既要考虑经营者之间达成合作的程度如何，也要看经营者之间分担风险的程度如何。使用统一算法的行为，虽然使得使用算法的企业之间的合作程度有所加强，但这一行为好像并没有为企业提供一个分担风险的机制。从这一点来说，就很难把统一提供算法的行为认定为是排除和限制竞争的垄断协议行为。

但我们也要看到，正如前面所讨论的，在使用统一算法的前提下，即使市场经营者之间没有对于市场的交易条件进行任何的磋商和沟通，但是，它们的经营活动也仍然会具有某种协同性。如果一个平台内的所有经营者，不能选择使用哪一种算法，只能使用统一的算法，那么，由使用统一的算法所引发的中心辐射型的算法共谋，它的行为结果对市场竞争的负面影响，可能比普通的横向垄断协议所造成的负面影响还要严重。[1]

共谋垄断的主观意图如何识别

反垄断法对垄断和试图垄断的行为都会进行调整，这就既要求我们既要考察垄断行为的后果，也要对共谋行为的主观意图进行认定。市场经营者在与平台达成纵向的价格协议之后，它们也就共同采用了相同或相似的定价算法。虽然，在市场经营者之间，它们并没有就横向的价格共谋达成某种合意，但是，从客观效果来看，市场上又确实形成了较稳固的价格协同。这个时候，即使每一个经营者都没有就价格共谋问题进行直接的意思联络，但是，在价格协同行为出现之后，它们对于价格共谋采取的态度一定是默认或不制止，它们甚至还会从内部采取一定的措施，以促成价格共谋的达成。因此，在中心辐射类算法共谋场景中，表面上，人们观察到的是，平台与多个经营者之间签订的是相互平行的纵向协议，本质上，它所体现的却是多个平行的

---

[1] 参见：柳欣玥，垄断协议规制中算法合谋分类研究，《竞争政策研究》2019年第5期第10—41页。

经营者通过算法达成的横向垄断协议。[①]

针对这种由算法驱动的共谋案件，在确认违法事实与相关责任人时，欧美的法院都会对企业使用定价算法的意图做出考量，他们关注的焦点是，企业是有意触犯法律、达成默契进行价格操纵，对由此可能酿成的违法后果是否充分知情。

如果开发定价算法的目的明确，就是辅助共谋，那么就可以被看作一个典型的中心辐射式共谋。这种动机，既说明企业有违法意图，又充分知情。这实际上也给法院做出公正裁决提供了犯罪证据。

如果开发定价算法的目的不是辅助共谋，但是却起到了影响市场价格走势的客观效果，那么，是否可以将这种情况列入不正当竞争的范畴？

再看优步的例子。如果优步与合作车主参与了中心辐射式共谋，那么，不论这个卡特尔组织的实质成效如何，他们都需要承担法律责任。即使定价算法推演出的车费价格合理，他们也难逃法律的制裁。

但是，如果优步提供的车费价格比其他竞争对手的价格更低时，这就难以对反垄断执法机构采取的外部干预做出合理的解释。换句话说，当线上交易平台切实起到了改进服务与降低价格的作用，司法系统是否还能够判处其违法？

同样地，当交易平台的势力日益壮大，所谓的基准定价也许已经不能代表竞争性的市场价格。什么算是在合法范围内使用定价算法，什么又应当被归入共谋的范畴，其中的分界点又在哪里，这些都是摆

[①] 参见：李丹，算法共谋：边界的确定及其反垄断法规制，《广东财经大学学报》2020年第2期第103—112页。

在反垄断执法者面前的难题。说到底，第一个使用波莫朗（Boomerang）定价算法的零售商或者第一个注册成为优步合作车主的司机，都不能被认定为参与了不正当竞争。同理来看，也不能说第二位、第三位加盟优步的合作车主介入了共谋。那么，到何种程度，定价算法才摇身一变成为中心辐射式共谋的中心枢纽了呢？

垄断协议如何认定

中心辐射类共谋被反垄断法禁止的原因在于横向共谋，而不是纵向共谋。所谓纵向协议，可能是上游的某个产品生产商与下游的经销商或某个服务提供商与下游的代理商之间，就产品或服务的价格等进行协调而达成的某种纵向合同。这种协调行为，一般并不足以影响到扩大产品的产量或提高服务的质量。同样，对同类产品或服务在相关市场上的竞争，影响也不会很大。这样，也就不大会影响到消费者的需求转向，从而不会使得消费者的利益受到损害。而横向协议则不同。各国的反垄断法都对横向协议进行了调整，因为无法证明横向协议会有利于竞争。如果在前述纵向协议的基础上，下游的产品经销商之间达成了横向协议，或者是服务代理商之间也达成了横向协议，那么，这种情况下，这一产品的生产者或服务提供商就可能获得竞争上的优势，并使得它们具备提高价格、获取垄断利润的能力。这时消费者可能就被圈住了，他们将别无选择，他们的需求无法转向，利益也将受到损害。因此，在中心辐射类算法共谋中，必须证明横向协议的存在。

但是，在中心辐射类算法共谋中，横向共谋分析的难点就在于如何认定横向垄断协议。由于算法具有隐蔽性的特点，所以在传统共谋理论中，市场经营者可以通过明确的协议或合同达成明示共谋，这种情况在运用算法的场景中，基本上不可能发生。因而，在认定横向共谋时，反垄断监管机构可能更多的是要关注默示共谋。即使市场经营者之间并不存在明确的共谋协议或者意思联络，但只要市场上存在价格协同行为，就应当对这种价格协同行为所产生的反竞争效果进行分析。①

算法的运用，改变了市场经营者之间进行意思联络的方式。在传统共谋中，需要共谋的所有参与者达成全体一致意见，并以此为依据，来协调彼此的价格行为。但在数字经济背景下，算法的运用使得共谋的情形发生了改变。对于一个互联网平台而言，很多个市场经营者都参与同一个平台，并与平台达成纵向协议，并采取一致的价格行动，也就是大家都采取相同的定价算法。但是，这是否表明，经营者相互之间就没有了横向的沟通联系呢？这倒是不一定。如果来自外部的证据能够证明，所有的市场经营者都采用了相同的定价算法，而且他们也都相信，其他人也都会采取相同的定价算法，那么，即使经营者互相之间没有进行直接的意思沟通，也可以认定这种行为是反垄断法所禁止的共谋行为。这种通过互联网平台所达成的共谋，又被叫作轴辐共谋（Hub and spoke Conspiracies），在反垄断法的范畴上，轴辐共谋也是一种卡特尔的形式。作为核心（轴心）的平台，把处于类似于辐条上的上下游经营者组织起来而形成共谋。这里的共谋，可能是由于处于辐条上的经营者之间达成了横向的协议，涉及的内容包

---

① 参见：刘佳，人工智能算法共谋的反垄断法规制，《河南大学学报（社会科学版）》2020年7月第4期第80—87页。

括固定价格、分割市场和分割消费对象，这种协议具有本身违法的属性。

但是，中心辐射类算法共谋的特殊之处就在于，传统上，关于纵向垄断协议和横向垄断协议的界定是很清楚的，而现在，这两者的界线有些模糊了，对垄断协议的认定，需要通过纵向协议去间接推导和证明横向协议的存在。一方面，在表面上，人们能够观察到的，只是一个平台（轴心）与它的多个经营者（辐条经营者）之间分别达成的多个相互平行的纵向协议；另一方面，多个经营者之间实际上也存在着一个横向的共谋或协同行为。一般情况下，平台与经营者之间所达成的多个相互平行的纵向协议，通常是显性的协议，存在着达成协议的明确证据；但是，辐条上的众多经营者之间的关系，从表面上看只是存在协同行为，它们之间并没有明确的协议，它们之间的共谋是一种默契共谋，要证明这种垄断协议的存在，可能需要通过间接证据来证明。①

如何明确中心辐射型算法共谋的责任承担主体

我们前面已经讨论过，在中心辐射类算法共谋中，涉及多个主体，可以大致归为两类，一类是算法的开发者，或算法的提供者；另一类是使用算法的经营者或商家。那么，这两方面的主体在共谋行为中，是否都应当因为限制竞争而承担法律责任？假设他们都应当承担责任，那么，法律责任在这两类主体之间又应当如何进行分配呢？这

---

① 参见：张晨颖，垄断协议二分法检讨与禁止规则再造：从轴辐协议谈起，《法商研究》2018年长2期第104—105页。并参见：施春风，定价算法在网络交易中的反垄断法律规制，《河北法学》2018年第11期第111—119页。

也应该是监管机构所面临的一个难题。

正如前面所讨论的,在中心辐射类算法共谋的场景中,单独的一项纵向协议,本身未必就一定会产生反竞争的效果,也未必能体现协议双方存在扭曲市场价格的企图。但是,如果一个平台与行业中的众多经营者分别签订一组类似的纵向协议,就有可能形成典型的中心辐射类算法共谋。算法的开发者或提供者(轴心)借此帮助安排了企业的共谋,从而导致市场价格的升高。

首先看算法的提供者。对于算法的提供者来说,假如我们能够认定,它提供算法的目的就是要控制下游市场,即便如此,它实施的提供算法这一行为对于下游市场上所发生的横向协同行为,应当承担什么样的法律责任呢?从客观上来讲,算法的提供者也许有能力控制下游市场;而且,他们通过提供算法这一行为,事实上也可能对下游市场上的竞争产生某些限制性的影响。然而,与传统的垄断协议所不同的是,算法的提供者在提供算法的过程中,或在签订纵向协议的过程中,并不是要限定某一种特定商品的销售条件,并以此去影响这一特定商品在市场上的横向竞争。因为,算法的提供者,通常也是数据的垄断者,它只是通过提供数据和算法等关键要素的方式,在相关市场上间接参与竞争。换句话说,它提供的仅仅是一种技术,只是这种技术事实上影响到了市场经营者的行为。那么,针对这种情形,在现有的垄断协议框架下,我们能否找到相对应的法律责任基础,可能还需要实务界与学术界做进一步的评估。

再看算法的使用者。对于算法的使用者来说,它们与平台签订了纵向协议,并在经营活动中执行了纵向协议,使用了平台统一分发的算法。但是,它们使用这个统一的算法,可能并不是为了追求限制竞争的效果。实际的情况可能是，采用同一个算法，通常既可能只是作为加入平台的一个前提条件，也可能只是为了实现自身利润的最大化，甚至还有可能仅仅是为了避免不被市场淘汰所选择的一种途径。作为算法的使用者，虽然它们在市场上直接从事了协同行为，但是，由于在使用哪一种算法上，它们可能根本就没有选择权，这样，对于算法的使用者来说，它们的法律责任承担问题，同样也会存在争议。

上面所讨论的有关算法的提供者与算法的使用者之间的法律责任分配问题，实际上涉及了两者之间的互动关系。如果要对算法的提供者与算法的使用者的责任分配问题进行认定，反垄断监管机构首先必须对两者之间的关系进行判断。如果算法的提供者能够控制或支配市场，那么，监管机构就难以判断算法的使用者的主观意图，它们可能对于使用哪一种算法并没有选择权。当然，也可能存在另外一种情况，它们有可能只是出于自身利益最大化的目的而乐于使用算法提供者分发的统一算法。在这种情况下，由于对算法的使用者的主观目的难以判断，那么，对于它们应当在多大程度上承担相应的法律责任这一点，对于监管机构来说，也具有一定的难度。[①]

如何监控算法运用行为的可能风险

执法机构在处理此类案件的过程中，往往会觉得难以（有时甚至是不可能）对算法的内核进行深入研究，以便找到确凿的证据来证明算法设计初衷就是共谋或者是有可能被滥用。由于机器学习是一个持

[①] 参见：柳欣玥，垄断协议规制中算法合谋分类研究，《竞争政策研究》2019 年第 5 期第 10—41 页。

续的过程，企业当前正在使用的定价算法很有可能与以前的算法有很大的不同。如果反垄断监管机构或者是法院可以找到明确的证据，证明算法设计的目的就是限制竞争，那么垄断行为违法与否的判断标准将遵从本身违法原则。否则的话，则需要基于合理原则。在合理原则的要求下，举证人必须找到这种纵向协议对竞争机制造成实质性负面影响的证据。但是，如果经过综合考量，这类限制竞争的行为带给国家经济和社会的益处大于弊端，那么可以将其视为合理的限制竞争行为并且得到法律的许可。这样，举证过程将费时费力，也很难取得实效。所以通过合理原则确认违法事实的通道也就变得越来越狭窄。

在中心辐射类算法共谋中，纵向协议的稳定性与市场准入的敏感性也难以确定。所谓纵向协议的稳定性表现在，使用统一的定价算法与中心支付系统为这种中心—分支模式营造了一个稳定的内部环境。从优步的例子上可以看出，合作车主可能因此缺乏激励与能力去比拼低价，展开竞争。从市场准入的敏感性来看，仍以优步为例，如果优步的竞争对手有效地限制了优步的市场份额的扩张或者抬价行为，那么就说明，竞争机制仍在正常运行，并发挥着作用。如何判断线上交易平台是在什么时候取得市场支配地位，并且开始运用定价算法来抬高产品或服务的售价，对监管机构来说，也是一个需要考虑的问题。

随着数字经济的发展，平台的实力会不断增强。平台企业大都拥有整个行业中的主要用户的数据资源，这些资源又反过来为平台开发与训练算法提供支持。而且，平台企业也比普通企业更有条件掌握具有较高水平的计算机技术，使得平台企业具有开发统一算法的能力和条件。可以预见，平台企业越来越具有向平台上的经营者统一提供算法的倾向，这对于平台企业提高效率，更有效地开展经营活动能够提供很大的帮助。这样，数字经济的发展，也会加剧算法共谋的反竞争风险。如何在监管算法共谋与促进数字经济发展之间寻求一种平衡，以促进数字经济的健康发展，也是监管机构需要权衡的一个问题。

CHAPTER

第五章
预测代理类算法共谋:
相互依赖与默示共谋

根据前面的讨论，可以看出，计算机在辅助企业开展共谋的过程中作用举足轻重。在信使类算法共谋中，算法是严格执行共谋协议指令的信使。在中心辐射类算法共谋中，算法则是一个助力轴辐协议的中心枢纽。现在，我们开始讨论第三种形式的算法共谋，预测代理类算法共谋。在这类算法共谋中，企业之间没有签订垄断协议，甚至也不需要直接的沟通与交流，定价算法在全行业的普及同样可以抬高市场价格。预测代理类算法共谋与中心辐射类算法共谋的最大的区别就在于，在共谋的达成过程中，不需要算法的提供者（平台）作为共谋的枢纽中心。预测代理类算法共谋完全是一种默示共谋。而默示共谋，在传统市场上，只有在寡头企业之间才有可能达成。因此，我们首先从寡头的相互依赖性与默示共谋出发，讨论由算法促成的默示共谋及其运行机制，并通过相关案例讨论这种默示共谋的特征。同样，我们也将讨论这种预测代理类算法共谋给反垄断监管带来的挑战。

寡头的相互依赖性与默示共谋

一个市场上如果只有少数几家企业，人们一般将这个市场称为寡头市场。比如，电信市场上，开展基础电信服务的企业只有三家，这就是一个典型的寡头市场。在寡头市场上，企业是相互依赖的。给定市场需求是固定的，一家企业扩大了产量，或者吸引了更多的用户，其他企业的市场份额就会下降。如果一家企业降低价格吸引了更多的用户，其他企业为了避免利润的流失，也会降价，最终可能导致大家都得不到好处。正是因为寡头市场上企业的这种相互依赖性，很容易出现企业间的默示共谋，并使得产品的市场价格高于竞争水平。所以，在产品同质的寡头市场上，寡头企业一定会意识到，它们之间存在着这样一种相互依赖的关系，因此，它们之间不需要进行明显的勾结，也能够在市场上维持垄断价格。这种结果，就好像它们签订了垄断协议一样，因为价格战的残酷性足以作为一种威胁，来阻挡企业的降价冲动。人们一般将寡头企业之间这种相互依赖的结果称为默示共谋。

寡头企业的相互依赖与默示共谋，是在报复威胁下形成的，这就要求企业能够及时发现背叛企业的降价行为，并做出报复。在单次博弈的情况下，共谋的稳定性是不够的，很容易瓦解。一方面，在降价的预期收益大大超过不降价的预期收益时，每一个寡头企业都会存在强烈的降价动机。另一方面，在信息不对称的情况下，一个企业要发现另一个企业的背叛行为也不是那么容易。这样，在共谋的情况下，每一个寡头企业都希望其他寡头企业遵守最初的垄断协议，而自己则秘密地违背协议，如偷偷地降价，以此来扩大自己的销售额，致使共谋难以维持。

然而，在重复博弈的情况下，单次博弈的囚徒困境就可以破解，并维持寡头企业之间的默示共谋。因为，在重复博弈中，每一个参与者都会面临这样一种局面：眼下这一个回合的不合作，一定会导致对手在下一个回合的不合作；每一个参与者都可以用自己的合作来回报对手的合作；或者通过放弃自己的合作来有效地惩罚对手的不合作。只要双方相互合作的利益超过相互不合作的利益，寡头企业之间就会有建立和维持一种相互合作局面的动力，从而走出囚徒困境。

重复博弈之所以能够打破囚徒困境的局面，是由于重复博弈采用的惩罚机制是触发战略和以牙还牙战略。在触发战略下，一个寡头企业会采用业已存在的合作策略，条件是所有其他参与人都采用联合利润最大化的合作策略；如果有其他企业存在背叛行为，则在以后的时期里，它将永远采取不合作行为。这种冷酷战略将导致这样的结果是任何一个参与者的一次不合作行为，都将触发永远的不合作行为。在以牙还牙战略下，一个寡头企业的背叛行为，如一个企业偷偷扩大产出或偷偷降价，其他企业也会扩大产出或降价，使得采取背叛行为的企业得不到任何好处。

拉扎奇和斯图克列举了一个在离岛上的9个加油站的例子，来说明这种寡头的相互依赖性与默示共谋。① 为了吸引更多的客户和提高整体利润，一个加油站决定降低自己的汽油销售价格。如果是在竞争性市场上，这种做法可能是有效的。但在寡头垄断的市场上，寡头们是无法容忍别人降价的。作为回应，其他8个加油站的经营者为了防止顾客的流失，一定会采取报复性的措施并迅速降价。到最后，岛上的每一个加油站的经营者可能都会意识到，它们是相互依赖的存在。

---

① 参见：（英）阿里尔·扎拉奇和（美）莫里斯·E.斯图克合著，余潇译，《算法的陷阱：超级平台、算法垄断与场景欺骗》，北京：中信出版社，2018年，第64—65页。

只要有人想要采取比拼低价的策略，其他人就会立即跟进，到头来，没有人能够从降价中得到好处。

问题还不仅仅如此，这种相互依赖不但会打消加油站经营者的降价动机，还会激发他们的涨价念头。在寡头垄断的市场结构中，假设有一个企业率先提高汽油价格，情况会如何呢？如果其他经营者选择不跟随他的步伐，即不涨价，那么，提高价格的经营者最终肯定会为了留住顾客而重新调整价格；而从其他经营者的角度来看，如果他们选择维持原来的汽油价格，不跟随涨价，那不就是等于主动放弃了赚取更多利润的机会吗？所以，一旦有人率先涨价，其他人一定会跟进。最终，岛上这9个加油站的经营者之间这种相互依赖关系，会使得岛上汽油价格逐渐拉高，并高于竞争市场中的价格水平。

所谓默示共谋，又叫默契共谋，或默许共谋，它是指寡头企业的价格协调行为，又叫有意识的平行行为。默示共谋是指这样一种状况，在一个集中度很高的市场环境中，只有几个寡头企业从事经营活动，为了共享垄断权力，它们相互之间以一种心照不宣的方式，共同限制市场的供给数量，或者是提高产品的市场价格，从而获得垄断利润。对于寡头企业基于彼此的相互依赖性而采取的这种有意识的平行行为，反垄断法并不直接禁止。因为这种默示共谋并不是企业之间达成的共谋，甚至企业之间也并没有什么直接的沟通与交流。人们之所以把它称为默示共谋，是因为这类共谋的后果，如价格限定，或产量限定，与企业之间公然勾结的后果是极为相似的。

但是，默示共谋的实施是需要一定的条件的。这些条件包括：

一是市场透明度高。我们知道，市场环境越透明，市场参与者的搜寻成本就越低，也就越有利于竞争机制发挥作用。但是，市场透明度高，同样可能导致默示共谋的发生。因为随着市场透明度的提高，在寡头市场上，那几个有限的竞争者都能够迅速而充分地获取对手的市场策略。在一个寡头市场中，如果销售的产品或服务是同质的或相似的，而消费者的需求是缺乏价格弹性的，如汽油，对多数顾客来说，无论汽油的价格高低，他们的需求量都不会有太大的变化，而加油站向顾客提供的交易方案是相对透明的，每一个加油站都会公示它的价格表，这样的市场出现默示共谋就难以避免。原因是，在透明度高的寡头市场中，市场中仅有的几个经营者都很容易获得竞争对手的销售策略和价格列表，而且还可以随时监督对手是否还在遵守销售同质产品的共同政策。

二是要有一个可行的惩罚机制，才能使得默示共谋的关系得以维持。一方面默示共谋的参与者要有足够的动机不去违背它们默认的共同政策。另一方面，如果发生价格背叛行为，其他成员企业也必须能够迅速地对背叛行为实施惩罚，如前所说，重复博弈中的触发战略和以牙还牙战略能够保证惩罚机制的有效性。

三是要有较高的市场准入壁垒。为了成就默示共谋，成员企业需要确保潜在的市场竞争者进入不了市场，防止它们来分享高价带来的利润。

四是产品属性的特殊性。一方面，寡头企业销售的产品是同质的或相似的；另一方面，消费者对于产品价格的反应是不敏感的，在需求上缺乏价格弹性。这实际上是说，在这个市场上，不可能给消费者留出让他们发挥出导致买方力量的空间。

这说明，默示共谋是需要一定的市场条件作为支撑的。失去了这些市场条件，一致行动就很难发生。然而，如果定价算法得以运用，市场条件也会发生改变，默示共谋可能更容易产生。在接下来分析预测代理类算法共谋的运行原理的时候，我们将讨论算法的运用对默示共谋的市场条件的改变。

预测代理类算法共谋，算法促成的默示共谋

预测代理类算法共谋，在不同的文献中有不同的称呼，有的文献称之为预测型代理人，有的文献称之为预测代理型算法共谋，有的文献又称之为可预测代理人算法共谋。[①] 所谓预测代理类算法共谋，是指为了达到预期的目标，市场经营者单方面设计计算机算法，而这种算法又以给定的方式对不断变化的市场环境做出反应。在这一过程中，共谋行为是由具有竞争关系或交易关系的经营者直接实施的，计算机算法只是作为一种工具，被应用于共谋行为的实施之中。

为什么叫预测代理类算法共谋？

我们前文已经提到，通过信息交换或者单方面的价格公示等方式，信号式算法能够使得在市场经营者之间达成共谋协议。信号式算法的一个主要作用就在于，它可以在试图进行共谋的经营者之间达成一种共识，因为信号算法可以为所有经营者提供共同的价格信号，这种信号能够为实施价格共谋行为提供便利。在预测代理类算法共谋中，在同一个行业里，所有的市场经营者都是独立进行决策

[①] 参见：（英）阿里尔·扎拉奇和（美）莫里斯·E.斯图克合著，余潇译，2018，《算法的陷阱：超级平台、算法垄断与场景欺骗》，北京：中信出版社，第66页；柳欣玥，垄断协议规制中算法合谋分类研究，《竞争政策研究》2019年第5期第10—41页；及唐要家，尹钰锋，算法合谋的反垄断规制及其工具创新研究，《产经评论》2020年第2期第5—16页。

的，它们分别设计算法的目的，也都是实现自身利润的最大化。在实施共谋的过程中，虽然每一个经营者都没有就价格协同行为表达出一致的共谋意思，但是由于算法的设计原理是相似的，算法可以自动对竞争对手的价格变化进行监测，并在监测后及时采取相应的措施。因此，在预测代理类算法共谋的场景中，信号式算法恰好就充当了企业高级管理者的代理人角色，它实际上是代理一个企业与其他企业进行价格磋商，并根据竞争对手的定价行为和市场数据的变化，自动调整自己的价格决策。但这个过程中，并没有体现出人的作用，仅仅是由计算机算法对市场行为做出自动反应。因此，在预测代理类算法共谋中，经营者之间并不存在明确的共谋协议，因而它属于一种默示共谋，而且在反垄断法中，默示共谋一般并不违法。在预测代理类算法共谋中，核心问题在于市场经营者之间存在有意识的价格共谋动机，所以这种共谋行为，也是一种有意识的平行行为。但是，有意识的平行行为本身并不违法，在反垄断的监管过程中，由于难以固定直接的证据，往往很难禁止这种行为。在数字经济背景下，随着人工智能的深度应用，市场的透明度也不断提高，这种借助计算机算法所主导的默契，很有可能在市场上促成价格共谋。因为，市场经营者可以通过算法来实施价格跟随行为，而且计算机算法还能够根据竞争对手的价格变化自动地实时进行动态调整，这反过来又使得价格跟随行为可以保持一种持续性。因此，在对这一类默契共谋的平行行为进行认定时，无论是否借助于传统的反托拉斯政策，都可能需要从间接证据中寻求佐证，比如说，对算法的源代码进行审查，或者是对算法使用的数据进行审查。

前面提到，信号式算法之所以能够完成市场经营者之间的信息交流功能，它是通过这样一种方式来做到的。算法为了传递信息，持续且自动地向市场发出瞬时的信号，而计算机网络中的其他算法则自动地接收信号，并解读出信号的内容。在运用信号类算法的情况下，市场经营者通过算法来发布和传递信息，这种信息交流方式隐蔽性很高。因此，市场经营者运用信号式算法，主要是把它作为发出共谋要约的工具。在传统共谋情况下，市场经营者往往是通过调整价格或者产量的方式进行默示，以展示它的共谋意图。但是，如果它的共谋要约没有得到其他市场经营者的回应，那么，发出共谋要约的经营者很可能要因此而承受较高的利润损失。然而，在信号式算法的辅助下，经营者可以借助算法自动设置价格信号，而且快速迭代，对于这种信号，消费者可能根本察觉不到，而市场中的其他经营者却可以借助算法实时接收。这样，市场经营者之间的信息交流成本，因此而降低，甚至完全消除了。这对于经营者之间达成价格共谋行为，无疑具有较明显的激励作用。

企业可以通过共同使用算法程序来实施共谋行为。如果企业共同使用同一套定价算法，那么，随着算法功能的不断强大，数据挖掘技术的不断提高，以及互联网线上消费的广泛普及，原来由人来执行的价格决策行为，就将逐渐转变为由计算机来执行。这种智能化的定价算法的一个优势就在于，它可以及时准确地监测市场需求以及竞争对手的价格等重要因素，并根据这些因素的变化来实时地调整自己的价格。这种算法的使用，无疑将使得市场更加透明化。假如没有共谋情形的话，在一定程度上，这种市场的透明化可以促进经营者之间的竞争，从而可以导致市场的运行效率得到提高。但是，如果市场经营者把这种定价算法用来作为实施横向价格垄断协议的一种工具，那就有可能会造成较严重的排除与限制竞争的后果。①这种情况多出现在竞争者数量较少的寡头市场结构中。我们通常所讨论的经营者价格协调行为，或经营者的有意识的平行行为，大多是在这类市场中产生的。

实际上，在预测代理类算法共谋中，和信号式算法一样，监督式算法和平行式算法也都能发挥作用。监督式算法能够发挥的作用是，经营者借助监督式算法可以即时地掌握市场上的全部商品信息。平行式算法能够发挥的作用是，如果行业里的领导者为自己的产品制定了一个较高的价格，那么，采用同类算法的其他市场经营者，就会根据预先设置的规则，或是跟进提价，或是按照一定的比例进行提价，这一过程会由算法自动完成。如果整个市场上同类商品的定价，都按照这种算法的运行规则进行时，那也就意味着，在某一个时期内，这类商品的价格实际上是由行业里的领导者来制定和决定的。还有，由于监督式算法的运用，如果市场上有一部分经营者不跟随涨价而是采取降价措施的话，那么，一方面，它们可能要担心这种产品是否卖得出去，因为消费者在做出购买决策时，不一定敢于购买这种同一类别的低价商品；另一方面，也更为重要的是，采取降价措施的经营者还要担心被行业内的同行惩罚，而且处罚的威胁是真实存在的。这样一来，市场上就可能出现这样一种结果：在整个市场上，除行业领导者之外的其他企业，都将主动或被动地参与到共谋垄断中来。因此，我们可以说，在预测代理型算法共谋的场景下，每一个市场经营者，在开始的时候，可能都没有共

---

① 参见：柳欣玥，垄断协议规制中算法合谋分类研究，《竞争政策研究》2019年第5期第10—41页。

谋的故意。但是，在运用算法的过程中，它们肯定会意识到自己正在参与行业里的共谋垄断，并在市场上形成一个共谋垄断结构。它们可能是从无意共谋到纵容共谋，再到参与共谋。①

预测代理类算法共谋的运行原理

在预测型代理人这种算法共谋的情形下，每一个企业出于利润最大化的目标，都会开展定价算法程序的开发。所开发出来的定价算法，需要对市场价格的变化进行实时监督，对竞争对手的降价或涨价行为及时做出反应，调整自己的价格。

前面提到，实施默示共谋，需要一定的市场环境。只有满足这些条件，在一个市场上默示共谋才能得以维持。而由于算法的运用，市场条件会出现几个变化。②

当同一市场中的所有经营者都使用定价算法进行产品定价时，市场数据的数字化水平与可获取性都会显著提升，而市场环境也越来越透明。

一是企业对数字化的市场信息与市场透明度的需求高涨。由于如今的定价算法承担起了预测与分析的工作职责，使开发相应算法程序的企业可以结合实时数据、历史数据与第三方数据库提供的信息，对未来数月、数周甚至几小时内可能发生的事情做出预判。借助于技术

---

① 参见：丁国峰，大数据时代下算法共谋行为的法律规制，《社会科学辑刊》2021年第3期第127—136页。

② 参见：（英）阿里尔·扎拉奇和（美）莫里斯·E.斯图克合著，余潇译，《算法的陷阱：超级平台、算法垄断与场景欺骗》，北京：中信出版社，2018年，第67—68页。

手段的升级，企业软件系统从记录系统（systems of record）改良成了参与系统（systems of engagement）。也使得企业管理者得以将精力专注于重要的市场信息。为了确保定价算法程序可以运行并不断得到优化，计算机必须具备迅速获取并处理关键市场信息数据的能力，这些信息和数据包括竞争对手的定价策略、销售记录以及对于市场价格变化做出回应等。

二是当每家企业都使用定价算法时，市场中的整体数据量，包括竞争对手的定价信息，将呈现明显的增长趋势。通过使用定价算法，每一个市场卖家在将自己的产品价格公之于众的同时，整个市场的透明度也得到了改善。不论是消费者还是竞争对手，所使用的定价算法都可以在第一时间了解到每家企业的产品的现价与销售条款。

在现实中，依赖于定价算法的企业往往没有办法通过其他方式对定价算法使用的基础市场数据进行独立的分析与验证。如果说动态定价算法是为了充分反映市场需求变化带给市场价格的影响，那么市场中的参与者可能会想当然地将动态定价算法提供的产品价格视为当前市场中的实际价格。虽然仍有一部分消费者会讨价还价，但常识告诉我们，可以将由算法确定的共识价格视作市场中的真实价格。比如说，在成品油的零售市场上，就很少会有汽车司机去跟加油站的收银员讨价还价，因为他们都很清楚，收银员是没有汽油定价决定权的。①

三是与消费者接收纸质价格目录的年代不同了。在那个年代，企业总是晚一步才能拿到同行业竞争对手的价格目录，而且目录中的价

---

① 参见：（英）阿里尔·扎拉奇和（美）莫里斯·E.斯图克合著，余潇译，《算法的陷阱：超级平台、算法垄断与场景欺骗》，北京：中信出版社，2018年，第68页。

格也不一定能反映产品的真实价格。企业往往只能通过多方打探才能探听到竞争对手真实销售价格。在依靠人工调价的时期，在销售部门的管理者做出调价与否的决定后，商场里的店员再给商品更换价格标签，这需要一定的时间。而当企业经营者将定价工作交给计算机之后，仅毫秒之间，针对特定人群、特定时间而设定的无数种商品的价格就已经呈现在我们面前。在预测代理类算法共谋的场景中，速度成了一个关键的因素。除了自己设定价格之外，定价算法还能迅速跟进对手的价格策略：你若降价，会被迅速施以惩罚，使得你对于价格战再也没有丝毫热情；你若涨价，别人也不会错过这样一个获得更多利润的机会。所以定价算法的运用，必将推动市场价格的上涨。

我们仍然借助扎拉奇和斯图克的关于一个离岛上的加油站的例子来说明这种预测型代理人算法共谋的运行机理。①

如果这个岛上成品油零售市场价格的透明度是有限的，司机在加油的时候，只有走进加油站才能知道汽油价格。即使是这样的话，也很少有司机会为了获得最低的汽油价格而跑遍这个岛上的所有加油站。就如同在现实中那样，我们往往可能会听取朋友的推荐，选择一家口碑较好、油价较低的加油站。但是，低价能带给加油站的红利是维持不了多长时间的，因为其他加油站最终也会降价。在这种情况下，加油站之间总是免不了会有竞争，这说明寡头之间有意识的平行操作行为也是有难度的。

现在考虑这样一种情况，岛上加油站的经营者计划以使用计算机

---

① 参见：(英)阿里尔·扎拉奇和(美)莫里斯·E.斯图克合著，余潇译，《算法的陷阱：超级平台、算法垄断与场景欺骗》，北京：中信出版社，2018，第63—66页。

定价来替代人工定价。而最先开发定价算法的加油站经营者，可能只能使用自身的日常销售量等历史数据。但当第二家、第三家加油站也开始使用相似的定价算法时，数据的质量将会大大改善，他们都可以使用到竞争对手所公示的销售价格等一类的数据，这显然比仅仅依靠自身的历史数据要好得多。

现在再往前走一步，如果每一个加油站都采用了计算机算法定价，那么，查询全国汽油价格的APP就可以在智能手机上推广普及了。在这个时候，消费者可以实时地查询到任意一个加油站的即时汽油零售价格，这意味着透明的市场价格可以降低消费者的搜寻成本。这样，如果是在市场集中度很低的市场中，也就是在有很多卖方聚集的市场中，这种汽油价格查询软件确实会被认为是一种有益于竞争的技术进步，因为它可以起到促进竞争的作用。

但在寡头市场中，这种应用程序却起到了扰乱市场竞争的负面作用。首先，为了防止自己处于竞争劣势，那些还没有使用定价算法的加油站会加紧信息系统建设，如同开展算法军备竞赛一样。如在外汇市场上，交易员利用数据传输速度上的微小时间差，在比其他交易者稍微快几秒钟的时间内捕捉到外汇市场中的价格差，从而动用巨额资金在市场中获取暴利。[①]因为哪怕只是比消费者快上几毫秒发现竞争对手的降低行为，算法也来得及迅速做出回应。其次，通过计算机定价，成品油零售市场中的加油站经营者可以实时掌握同行竞争对手的价格动向。市场透明度的提高，降低了企业经营决策上的不确定性，

[①] 参见：（英）阿里尔·扎拉奇和（美）莫里斯·E.斯图克合著，余潇译，《算法的陷阱：超级平台、算法垄断与场景欺骗》，北京：中信出版社，2018年，第71页。

进而稳定了加油站市场的环境。如果有哪一个加油站在上午11点33分时将每加仑的汽油的价格下调了1美分，那么，可能在几毫秒的时间内，其他临近的加油站就会响应这一降价行为也进行调价，从而使得率先降价的加油站得不到任何好处。

既然企业自行开发的定价算法程序可以迅速捕捉到竞争对手的降价信息，并及时做出回应，那么，基本上也就不会有企业还可以从降价中得到好处。相应地，企业降价的热情也会不断消退。这样，本来是一个要促进竞争的油价查询APP，就这样最终沦落为寡头垄断企业手中的一个用来进行默示共谋、维持非竞争价格的工具。

从另一个角度来看，我们回想一下信号式算法。定价算法面对市场环境的变化能够做出迅速反应，这一点也正好缩短了企业向外界发出价格上涨信号的窗口期。在没有使用计算机定价以前，企业如果要调整价格，一般都要经历一个或长或短的价格调整的公告期。在公告期内，企业一般会观望一下竞争对手对此的反应，以便确定最终的定价水平。但是在计算机和算法主导定价的时代，首先发起价格上涨的企业根本就不需要担心自己的顾客会流失，通过反复测试不同的价格所得到的市场反应，它不会有任何损失。分秒之间的价格信号就足以培植起一个默示共谋。

这样，全行业范围内定价算法的普及，在增强了市场的透明度的同时，也提高了企业开展有意识的平行行为的风险。利用自己开发的定价算法，每一个企业都有可能将历史定价数据与竞争对手的回应相结合，从而不断优化自己的经营策略。如果技术升级的趋势进一步放大，当算法软件可以在更透明的信息化环境中运行时，那么，计算机还将承担起预测市场动向的工作，做好随时应对竞争对手攻击的准备。在这种情境下，计算机会为企业经营者提供不同的应对方案，分别列明相应的利润空间与可行性方案。有了计算机来监督价格的偏离状态，并及时做出惩罚，预测代理类算法共谋由此形成，而且企业之间的这种有意识的平行行为必将引致产品价格的上涨。①

预测代理类算法共谋的表现形式与本质特征

我们首先介绍几个案例，通过这些案例，我们可以看到，预测代理类算法共谋会以什么样的形式出现。再通过这些案例，我们可以简单地归纳出这类算法共谋的一些特征。在共谋的达成、实施、维持、监测等各个环节中，算法作为一种工具，忠实地服务于算法的使用者。

循环定价故障（合法的平行行为）

2011年，在电商平台亚马逊上，两家书商利用各自的定价算法，来确保自己的利润可以比主要竞争对手略高。针对 *The Making of a Fly* 一书，书商 Profnath 将其价格设定为它的对手书商 Bordeebook 定价的 0.9983 倍。而对于这本书，书商 Bordeebook 将其价格定为书商 Profnath 定价的 1.270589 倍。两个书商利用定价算法，每几个小时就实施一次定价机制，结果导致"循环定价故障"，这本书出现了最高价格为 23698655.93 美元的不正常状况。在这个事件中，由于这两家

---

① 参见：（英）阿里尔·扎拉奇和（美）莫里斯·E.斯图克合著，余潇译，《算法的陷阱：超级平台、算法垄断与场景欺骗》，北京：中信出版社，2018年，第71页。

书商的价格联动行为导致了图书价格的上涨,但是,在整个过程中,两个书商并没有进行主观的意思联络,所以也就不能认定为这是一种价格共谋。相应地,这个事件也没有引起反垄断监管机构的关注。

英国 Trod 案

2016年,英国竞争与市场局(CMA)在对超德(Trod)公司和GBE公司在在线海报市场(包括英国亚马逊)上的价格协调行为的调查中发现,作为共谋者之一的GBE公司运用自动定价软件匹配Trod的价格,而Trod的算法则只对除GBE外其他在线商家的价格变化做出反应,这样,就产生了价格跟随的效果,两家公司之间的竞争就被排除了。①

Airline Trariff Publishing 案

20世纪90年代,美国司法部对8家航空公司和航空运价发行公司进行了反垄断调查,指控航空公司提前数周向航空运价发行公司提供票价信息,并利用航空运价发行公司的电脑系统,完成票价信息的监测与交换,以达到协商票价变动和加价的目的,达成了价格共谋。②

尽管在扎拉奇和斯图克的文章中,航空运价发行公司的案例被列

---

① 参见:王继平、徐则华,自动重新定价软件与在线商家的横向价格垄断协议:英国在线商家价格垄断案判决的启示,《中国物价》2018年第9期第35—37页。

② 参见:OECD, 2017, Algorithms and Collusion: Competition Policy in the Digital Age, www.oecd.org/competition/algorithms-collusion-competition-policy-in-the-digital-age.htm。

为信使类算法共谋的案例，①但在本案例中，航空公司之间的协同行为更像是由信号式算法促成的预测代理型算法共谋。在本案中，被告航空公司本质上是在传达同意或不同意在售票期间提高票价或取消折扣票价请求的信号。即，航空公司之间通过标识最早和最晚售票日期来传递改变票价的信号。这么做，航空公司没有任何成本，他们采用复杂的算法程序来处理这些票价信息，以便监督和分析竞争对手对某些航线当前和未来票价的反应。这种智能化的票价发布系统，不但使航空公司可以彼此商定超竞争价格，而且还能使他们确认这种价格是可持续的。②因为，除了利用信号式算法进行沟通与交流之外，他们还可以利用监督式算法向不跟随特定航线特定票价的航空公司发出报复行动的信号。

欧盟重罚亚欧四家巨头

2018年欧盟反垄断机构宣布，对华硕、天龙马兰士、飞利浦以及先锋四家电子产品制造商处以1.3亿美元的罚款，罚款的原因在于四家企业涉嫌限制网络零售商对家用电器、笔记本电脑与音响产品自行定价。整个限制定价的过程，四家企业都是利用算法技术来完成的，比如采用监督算法跟踪分销网络的转销价格，在分销网络价格下跌时利用追踪定价算法，提升制造商产品供应价格，从而使得分销商失去

---

① 参见：（英）阿里尔·扎拉奇和（美）莫里斯·E.斯图克合著，周丽霞译，人工智能与共谋：当电脑抑制了竞争，《竞争政策研究》2021年第4期第19—23页。
② 参见：（英）阿里尔·扎拉奇和（美）莫里斯·E.斯图克合著，周丽霞译，人工智能与共谋：当电脑抑制了竞争，《竞争政策研究》2021年第4期第19—23页。

降价的利润空间,迫使分销商与其在产品售价上达成共谋。①

从理论上讲,市场经营者实施任何形式的共谋行为都可以借助算法。例如,为了实施横向的垄断协议,内容可能涉及产量的限制或者是市场的划分,市场经营者可以设计出具有相应功能的算法,并将这种算法交由共谋行为的各个参与方共同使用;为了跟随并执行其他经营者的交易行为,经营者可以通过使用平行算法来达成这一目的;为了维持共谋和监测共谋行为的执行情况,经营者也可以使用监督式算法;为了实施纵向的固定转售价格协议,经营者也可以设计定价算法,以便更快捷地在经营者和交易相对人之间就价格的限定问题实现相互的交流和沟通。换句话说,市场经营者在达成共谋意向之后,就不再需要经过企业的管理人员,而只需要直接通过专门编制的算法程序,就可以对共谋条件进行沟通、磋商和确认,并且最终达成垄断协议、实施共谋行为。

至于预测代理类算法共谋的特征,我们可以归纳为以下几点。

第一,共谋行为的实施主体,可以是具有横向竞争关系的经营者,也可以是具有纵向交易关系的经营者,而且在共谋协议的达成过程中,他们同时也是算法的使用者。第二,在垄断协议达成之前,作为共谋行为的实施主体,市场经营者之间可能根本就没有共谋的主观意思联络,仅仅是因为寡头的相互依赖性而导致的平行行为,因而是一种较典型的默示共谋。第三,为了实施共谋行为,市场经营者使用

---

① 上述案例,在大多数中文文献中,对这些案例都有或较详细或较简单的介绍。如施春风,定价算法在网络交易中的反垄断法律规制,《河北法学》2018年第11期第111—119页;再如唐要家、尹钰锋,算法合谋的反垄断规制及其工具创新研究,《产经评论》2020年第2期第5—16页。

了算法工具,而且在共谋的达成、实施、执行与监测等各个环节,算法都起到了相应的作用。第四,算法的运用,既便利了垄断协议的达成,也强化了共谋行为的实施;经营者之间的共谋行为影响了市场竞争,产生了排除和限制市场竞争的效果。①

在预测代理类算法共谋的场景中,为了达成共谋协议,以及为了便利共谋行为的实施,市场经营者主动地或者默契地运用了算法程序。在这种共谋行为中,市场经营者虽然没有主观的意思联络,但是却已经具备了共谋的共识,并且将算法作为了一种实施共谋行为的工具。市场经营者已经预先具备了达成共谋的意图,而算法的使用在很大程度上则可以将这种共谋意图的表达掩盖起来,或者是一定程度上稀释这种意图。因此,对于这一类算法共谋的监管,就应当更加侧重于主观方面的观察。市场经营者既有可能运用算法来掩盖其共谋的主观目的,也有可能在没有意思联络的前提下利用算法来开展默契合作,还有可能在他们的主观意图较为模糊的情况下开展共用算法的协同行动。对市场经营者的这些行为,都应当进行仔细的考察。

预测代理类算法共谋的监管难题

前面已经提到,算法的参与带来了共谋行为的隐蔽性强、稳定性高、证明难度大等问题,在预测代理类算法共谋中,这类问题进一步凸显,给反垄断监管带来了更大的困难。

---

① 参见:柳欣玥,垄断协议规制中算法合谋分类研究,《竞争政策研究》2019年第5期第10—41页。但论文作者认为,市场经营者实施共谋行为时,存在达成共谋的主观意思联络,而且认为,这种联络可能是明示的,也可能是默示的。

发现共谋的难度更大

要有效监管预测代理类算法共谋,实践中面临的最大挑战,可能不是如何认定这一共谋行为,而是如何发现这一共谋行为。我们预设这样一个前提,参与共谋的市场经营者之间已经达成了共谋的共识,在这样的前提下,运用算法,就可以掩盖经营者之间的明示共谋行为,算法已经代替经营者进行相互之间的沟通与协调,这给反垄断监管机构发现这一共谋行为增加了难度。原因是,首先,关于共谋协议的磋商可以在线上进行,而且市场经营者只需要通过使用算法来调整数据,或是发出信号,即可完成这种磋商。其次,在确定市场经营者具有共谋的合意之后,共谋各个参与者,只需要通过一个共同使用的算法,就可以实现对协议条款的协调一致。面对这样一种算法共谋结构,监管机构发现共谋行为的难度就大大增加了;同时,监管机构收集共谋行为证据的难度也大大增加了。另一方面,通过这种方式达成的算法共谋行为,可以在较长的时期内有效地维持下去。因为,参与共谋的市场经营者,随时可以根据市场的相关情况的变化,充分利用算法分析数据和发送信号的功能,对垄断协议的条款做出实时的调整,而且这种调整是可以直接执行的,并不需要经过新一轮的谈判和磋商。这样,也使得算法共谋被发现的风险大大降低了。

随着算法的运用,默示共谋的发生概率也将大大增加。如果说,在传统的商业环境下,要达成默示共谋难度较大。那么,在数字经济环境下的线上市场,加上算法的广泛运用,则比较容易促成默示共谋行为。这是因为,随着算法的使用,市场的透明度得到了有效的提升,经营者对于市场的分析能力也不断加强,这样,市场经营者对于竞争对手行为的快速反应能力也得到了提升。在这种情况下，市场经营者会大大增强对于竞争对手的了解程度和依赖程度。而且，在不需要进行直接的沟通和互动的前提下，市场经营者利用算法就可以对竞争对手的相关市场数据了如指掌并做出分析，同时利用算法来配合自己的行为，从而可以通过默示共谋来实现超越竞争水平的商业经营。

同时，经营者广泛运用算法的情况，对于反垄断监管机构来说，在它对共谋行为所造成的竞争损害后果进行分析时，难度将加大，从而也使得反垄断监管机构更加难以辨别和确认这种共谋行为是否为法律所禁止。在不能认定参与共谋的经营者事先存在通谋的情况下，在很多时候，预测代理类算法共谋可能仅仅表现为市场经营者对市场数据进行跟踪、预测、分析和调控的一种行为。例如，通过平行算法，市场经营者可以监测并跟踪市场数据，从而探索出一条建立相互行为的路径。经营者的这种行为，通常表现为是一种合理的行为，它只是依据其他经营者的商业行为来调整自身经营策略，这似乎无可指责。但是，经营者的这种行为一旦达到某种深度和广度，在整个市场范围内，这样的行为就有可能深刻影响到所有经营者之间的相互依赖关系，从而有可能导致所有的市场经营者都采取相互配合的经营行为。这种相互配合的经营行为就可能是一种垄断行为。这个时候，虽然并没有足够的线索用来发现或者证明确实存在着经营者之间的通谋，但是，市场上却已经具备了有意识的平行行为形成的基础条件，甚至可能已经发生了经营者之间的协同行为。对监管机构来说，反垄断的难点就在于，在尊重市场经营者在理性经营行为的基础上，对于经营者所从事的上述行为，究竟应当视为合法的经营行为，还是视为应当受到法律禁止的默示共谋行为。也就是说，对于市场经营者利用算法对市场的动态做出反应这样一种行为，反垄断监管机构应当如何认定这一行为的性质。

共谋结构的稳定性增加了垄断协议的查处难度

预测代理类算法共谋给监管机构带来的另一个困难在于，算法的应用可以有效地使得参与共谋的经营者发现背离共谋的行为，并及时对背叛共谋的参与者采取惩罚措施，这就增加了背叛共谋行为的成本，从而减少背叛行为的发生，进而保证了共谋协议的持续，使得算法共谋具有更高的稳定性。

现实中的垄断协议本身都具有一定的秘密性。一般情况下，要发现和查处垄断协议，直接通过反垄断监管机构的主动行为，大多很难实现。监管机构获取有关垄断协议的线索和证据，往往需要依靠参与垄断协议的某一个经营者实施背叛行为来实现。传统上，对于垄断协议的监管，我们通常采用的分析工具是囚徒困境的原理。对于参与垄断协议的经营者而言，他们可以有两种选择，一是执行已经达成的垄断协议，或背叛垄断协议。如果所有的经营者都选择执行该垄断协议，没有人背叛协议，那么，每一个经营者都可以通过垄断协议而获得超过竞争水平的垄断利益。如果有某个经营者选择背叛该垄断协议，那么，其他经营者可能都将无法享受到这种超竞争水平的好处，而实施背叛行为的经营者却可以最大限度地获取更多的好处。前提是，只要他的行为没有被其他共谋参与者发现，他就可以不需要承担背叛协议的成本，因为他不会受到其他共谋参与者的惩罚，同时，他还有可能因为背叛协议而享受到监管机构给予的宽大处理的好处。因此，当背叛垄断协议所付出的成本较低时，发生背叛行为的可能性就很高，这就会导致垄断协议的不稳定。

算法的运用在共谋协议的维持中所起的作用，就在于算法在降低经营者执行垄断协议风险的同时，也增加了经营者实施背叛行为所需要付出的成本，导致背叛行为很少发生，这就给反垄断监管机构发现和查处垄断协议带来了极大困难。通过跟踪和抓取数据的方式，算法可以对达成垄断协议的经营者就执行协议条款的情况进行监测，它可以使参与垄断协议的经营者的行为更加透明，从而加强经营者之间相互合作的信任基础。在确保共谋协议的其他参与者不会背叛该共谋行为的基础上，所有经营者可以共同享受到共谋所带来的超竞争水平的利益。在经营者执行垄断协议的风险大大降低的同时，经营者实施背叛行为所需要付出的成本则相应上升。一旦有哪一个经营者擅自突破协议条款，实施背叛行为，其他经营者使用监督式算法就可以及时发现这一行为，并且根据算法程序立即做出反应，对实施背叛行为的经营者采取价格战等惩罚措施。这样，在算法的监控下，反垄断监管机构要实现其监管目标，及时发现和查处垄断协议，就很难通过利用囚徒困境去破坏垄断协议参与者的信任基础的方式来实现。当经营者背叛垄断协议的行为减少时，监管机构查处垄断协议的难度就会加大。

市场经营者广泛使用算法的事实，还有可能导致一种更为极端的情形。市场经营者借助算法来实施共谋行为时，算法可以不断根据市场的具体情况，改变共谋的协议条款。在适应市场变化的前提下，算法使得预测代理类算法共谋可以长期得以维持。而且，利用算法所实施的共谋，除了可以使得共谋持续较长时间外，还可以使得共谋达到相当的广泛性。以定价算法为例，市场经营者默契地使用跟随定价算法的行为，极有可能导致在整个市场中达成一个涨价同盟。如果是这样的话，算法共谋行为就将在相当大的市场范围内长期持续存在，这样一来，每一个共谋的参与者都难以实施背叛行为，或退出该协同行为。最终，整个市场中的经营者都将公开地实施固定价格行为。如果整个市场中，固定价格行为普遍存在，那么，这一行为是否可以被认定为共谋行为，也将会引发争议和讨论。

证明共谋存在的难度加大

预测代理类算法共谋一旦达成，参与共谋的企业就难以背叛，而反垄断监管机构也难以发现这类共谋行为，这两者共同导致了这样一种结果，在反垄断执法中要证明这种共谋行为，尤其困难。如果说，可以适用传统垄断协议行为的分析框架来看待预测代理类算法共谋的话，那么，这种共谋行为的最大的一个特征就在于，在共谋过程中，市场经营者已经达成了预设的主观共谋意图，这种意图，或明示，或默示。因此，要认定这种共谋，对这一共谋意图的证明，就尤其重要。但是，要证明这一共谋意图，如何获取证据，则面临一些挑战。

首先，对于利用算法实施的共谋，其共谋行为本身就难以被监管机构发现，其共谋的主观证据也很难被法院固定。参与共谋的经营者，无论他们是使用统一的算法对协议条款进行磋商和确定，还是使用信号类算法直接对相关的市场数据进行展示和传递，对于垄断协议参与者之外的人来说，要想直接提取证据来证明经营者存在共谋的主观目的，难度相当大。在预测代理类算法共谋中，默示共谋所占据的比例极大，而要证明默示共谋的存在，难度更大。市场经营者通过算法的运用，导致市场环境极度的透明化，在这种情况下，经营者之间要达成共谋，可能根本就不需要有任何的意思联络，他们只需要借助算法，对数据进行挖掘和分析，就可以实现共谋。从这个角度上来讲，并不存在关于共谋行为的主观方面的证据，这样，是否能够，以及如何对垄断协议的主观方面进行证明就将面临极大的困难。

其次，实施背叛行为的经营者提供的线索和数据，是规制垄断协议最重要的证据来源之一。但是，算法的使用，却大大降低了共谋结构中发生背叛行为的可能性，这会使得反垄断监管机构难以获取共谋的证据。在传统垄断协议的监管中，各国的反垄断政策大都设立了一种宽大制度，对主动背叛垄断协议并积极提供垄断证据的经营者实施宽大处理。在一定程度上，这一制度为反垄断监管机构发现和查处垄断协议提供了一种可能性。然而，在运用算法的背景下，经营者的背叛行为难以发生，因而，指望通过采用宽大处理方案来获取垄断的证据，就变得越发困难。

在价格设定上弱化了人的意志，从而增加了反垄断监管的难度

在传统共谋中，经营者是通过个人的明示或暗示的方式来达成共谋协议的，在这个过程中，人的主观要件是必不可少的。在前面讨论过的信使类算法共谋和中心辐射类算法共谋中，我们也仍然可以看到人的意志，计算机只是执行了人的意志。而在预测代理类算法共谋中，在定价算法机制下，基于竞争对手的定价等诸多参数，商品的价格是由计算机按照既定的定价规则来确定的。在这一过程中，并没有直接体现出人的主观因素。相反，至少从表面上看，是由计算机而不是人，在一定条件下触发了定价规则，进而确定了商

品的价格。

在价格的变动与调整方面，定价算法同样具有高度的动态性。自动执行是定价算法的一个重要特征。在调整价格的过程中，定价算法参考的因素有很多也都是动态变化的，比如，竞争对手关于同类商品的价格、一定时期内市场销售量的变化等，都是它要考虑的因素。在互联网平台中，如果某个竞争对手调整某种商品的价格，通过网络的实时监测，算法能够及时发现这一变动，并随即激活定价算法，进而自动做出修改与调整，实现对市场变化的迅速和精准的反应。也就是说，利用既定的规则，定价算法能够做到反复多次共同变动价格，其变动频率之高、反应速度之快，已经远远超出了过去的传统方式。[①]

在信使类算法共谋和中心辐射类算法共谋中，反垄断执法者取证的关键是找到垄断协议。但在默许共谋中，垄断协议是不存在的。[②]企业并不需要就价格操纵达成协议。每家企业都是出于自身的利益诉求而开发和使用定价算法。在大数据时代，如果还有哪个经营者顽固地采取人工定价，这无疑是在损害自己的利益。

有意识的平行行为之所以有可能发生，是因为如下原因。其一，在开发定价算法程序时，不必串通勾结，经营者对定价的追高策略都心知肚明。如果同行业中的每家企业都使用相似的定价算法，那么市场均衡价格很有可能会高于充分竞争市场中的市场价格。其二，人类在思维层面的思考，最终会反映在定价算法程序的设计和研发过程

[①] 参见：施春风，定价算法在网络交易中的反垄断法律规制，《河北法学》2018年第11期第111—119页。

[②] 参见：（英）阿里尔·扎拉奇和（美）莫里斯·E.斯图克合著，余潇译，《算法的陷阱：超级平台、算法垄断与场景欺骗》，北京：中信出版社，2018年，第72—28页。

中，有意识的平行行为概念同样会被植入定价算法程序中。借助于此，计算机不仅需要观察市场价格的变动，还要在产品定价过程中不断寻找与竞争对手形成相互依赖关系的可能性。即使没有垄断协议或协作行动，这也无碍于默许共谋的发生。

但是，没有垄断协议，就等于没有了确凿的证据，这会使得反垄断的执法难度大为提高。执法者能否将企业使用相似的定价算法而达成的这种默契视作扰乱市场竞争机制的行为呢？可能也不能一概而论。因为，随着时间的推移，一定会有更强大的算法出现。现实也会促使市场中的算法开发人员与其客户不断向最强大的算法程序靠拢，学习并吸收它的精华。反垄断监管机构必须对这种趋势做出恰当的回应。

能否将预测代理类算法共谋看作一种合法的默示共谋

企业单方面设计出能够生成预期结果的定价算法，并且通过调整价格来改变市场条件。在这种情况下，相似的定价算法在全行业范围内的普及将极有可能促成默许共谋。使用先进的定价算法的确改变了先前的常规市场条件。在定价算法普及之前，市场的透明度是相对有限的，这也使得有意识的平行行为难以为继。但是为了定价算法能够更好地发挥作用，企业开始有意识地开展透明化管理，这反过来也使默示共谋成为可能。如果在现有竞争法规制范畴中，企业之间这种互相监督价格的行为并不构成违法，那么，反垄断执法机构是否应当对这种通过人工智能手段改变市场条件的做法进行处罚，这也是反垄断监管机构面临的一种新问题。

对于执法机构而言，他们的主要挑战在于判断有意识的平行行为的合法性。如果说在企业没有互相通气或者没有达成任何协议的前提下，商品或服务的均衡价格高于竞争市场的一般水平，那么这可能仍然是一种合理的存在，并没有触犯法律。

如果说默示共谋是合法的商业行为，那么，下面的例子将要说明，反垄断执法机构在处理这类问题时，有时候会处于一个矛盾的状态。

假设市场上有四家企业，分别是A、B、C、D。A企业和B企业计划合并，同一个市场中就将只剩下A、C、D三家企业。现在，A企业和C企业都在定价过程中使用定价算法，但D企业尚未使用这种工具。如果说，由于A企业和B企业的并购行为促使处于竞争劣势的D企业也选择引入动态定价算法，并且有证据证明D企业的这项决定会打击各家企业的降价冲动，引发他们竞相抬价。那么，审批这件并购案的监管机构将很有可能否决这个申请，或者要求相关企业提出能化解这类风险的弥补措施。

现在，我们改变背景条件。假设不存在并购，但是A、B、C、D四家企业都倾向于默示共谋。然而，目前的市场环境不利于暗中串通。为了躲过监管机构的惩处，它们很可能会通过使用定价算法来提高市场透明度，降低彼此的降价动机，酝酿抬价。那么，这种整齐划一的行为，是否与上面的并购场景有本质上的不同？[①]

问题的关键在于，人们是否能够容忍这种具备监督与惩罚机制的市场透明度。如果无法容忍，那么企业的哪些行为将构成违法？此

---

① 参见：（英）阿里尔·扎拉奇和（美）莫里斯·E.斯图克合著，余潇译，《算法的陷阱：超级平台、算法垄断与场景欺骗》，北京：中信出版社，2018年，第73—74页。

外，还有一个问题在于，在实际案例中，为了稳定市场，避免价格战，有些定价算法程序在编写过程中就将避免抢夺竞争对手客户纳入程序应实现的目标范畴。

在反垄断监管中，监管机构禁止市场中的经营者达成共谋、阻碍竞争是一回事，而监管机构命令市场中的经营者开展竞争则又是另一回事。

反垄断执法机构可以干涉企业这种放弃竞争的单边决定吗，这种经营决策是否又有可靠的依据被认定为蓄谋分割市场？

在现有的法律规制范畴内，算法程序的开发者是否可以在法律允许的范围内扶持默许共谋？

在缺乏共谋协议证据的情况下，我们可以将直接损害消费者利益的不正当行为视为非法。如果经营者存在谋求反竞争结果的动机，或者经营者是在明确理解自己的商业行为可能会给竞争秩序带来损害的情况下依然照旧行事，也可以视为非法。

很明显，企业之间有意识的平行行为，在现今商业环境下可能更容易达成。线上市场的本质属性、数据的可获取性、定价算法的不断开发以及市场稳定性与透明度的改善，种种进展对于默示共谋而言，都是大有助益的。

总而言之，在面对预测代理类算法共谋的时候，引发了诸多有关信息技术、法律与行政监管方面的难题。通常情况下，充分的信息有助于商业的发展，而且在一定条件下，它还能够提高经济效率，激发市场竞争机制的良性运作。另一方面，导致市场价格透明度降低的协同行为，本身可能就是反垄断法要打击的目标之一。但是，如果定价算法确实能够起到改善市场透明度的作用，那么，在面对监管机构的调查时，采用动态定价算法的经营者就能够为自己的行为找到一个合理的解释。这样一来，法院与监管机构就有可能转而倾向于限制信息在市场中的自由传递。而在实践当中，监管机构要通过行政手段来降低市场透明度也并不是一件容易的事情。

也许，问题的本质根本就不是出在市场透明度上，是经营者对信息的智能化应用成为辅助默示共谋的工具。

CHAPTER

VI

第六章
自我达成型算法共谋：
自主学习与虚拟共谋

在介绍完信使类算法共谋、中心辐射类算法共谋和预测代理类算法共谋之后，我们讨论第四种类型的算法共谋：自我达成型算法共谋。我们首先将说明，从自主学习式算法到自我达成型算法共谋，是一个怎样的实现过程，以及这种共谋的表现形式与特征。同样，我们将从这种共谋的特殊性出发，来讨论监管机构在监管这种共谋时所面临的挑战。

从自主学习式算法到自我达成型算法共谋

自我达成型算法共谋，又叫自主类算法共谋，[1]也有的文献称为自主学习型算法共谋。[2]这类共谋，是由自主学习式算法演变而来的。而自主学习式算法，也叫机器自主学习算法、决策型算法。在自我达成型算法共谋的场景中，智能化的算法程序具有自主学习能力和自主选择能力，它可以依照设定的目标，自主分析和自主决策，在市场经营者之间，独立地达成排除和限制竞争的共谋行为。目前在现实中还没

---

[1] 参见：柳欣玥，垄断协议规制中算法合谋分类研究，《竞争政策研究》2019年第5期第10—41页。

[2] 参见：王健、吴宗泽，自主学习型算法共谋的事前预防与监管，《深圳社会科学》，2020年第2期第147—158页。

有出现关于这一类算法共谋的具体案例（人们也将这一类共谋称为虚拟共谋），但并不能以此就认为这一类算法共谋不会出现。在自我达成型算法共谋中，实施共谋行为的主体不再是人，而是计算机算法。这就使得传统意义上对垄断协议中主体要件的界定与构成的规定不再适用。正因如此，自我达成型的算法共谋，一方面，对现有的垄断协议概念提出了挑战；另一方面，还带来了关于垄断责任如何承担的一系列问题。

人们一般将前三类算法，监督算法、平行算法、信号算法，称为辅助决策算法，因为在它们被应用的过程中，人还是在起主要作用。而将自我学习算法称为决策类算法，因为在这类算法应用的过程中，人类的作用被排除了。

这类算法之所以能促成比预测代理类算法共谋更进一步的默示共谋，主要是由于有两项科技进步起了重要作用。第一个是计算机提升了实时处理大数据的能力；第二个是人工智能在商业领域中的应用，使得具备自主决策和学习能力的复杂算法在企业经营活动中发挥着越来越重要的作用。而这两项技术进步合力促成的默示共谋，超越了可预测代理类算法共谋中企业仅仅从定价的角度采取协同行为的情形，技术的发展已经使得企业能够借助计算机算法在更短的时间内对竞争对手采取的销售策略做出回应。计算机通过边干边学，算法为企业经营者提供多种多样的决策选项。算法的功能已经不再局限于被用来定价，逐渐成为人们不易察觉的价格操纵力量。①

---

① 参见：（英）阿里尔·扎拉奇和（美）莫里斯·E.斯图克合著，余潇译，《算法的陷阱：超级平台、算法垄断与场景欺骗》，北京：中信出版社，2018年，第79页。

优步曾经利用一个被称作上帝视角的内部程序，可以很轻易地追踪到曾使用过网约车服务的用户所在位置。滴滴打车也曾公布过某一个国家部委的周末加班情况。其中的原理，可能是类似的。互联网、智能感应设备、云存储等技术的应用，使得个人信息数据量呈现出爆炸式的增长，也使得掌握这些技术的企业可以对目标客户有更深入的了解。比如，对优步来说，它的管理人员可以在一个巨大的屏幕上，实时监测合作车主的动向；同样，像亚马逊这样的电商，它不仅可以对自己的物流链有一个清晰的掌控，就连竞争对手的产品布局与物流链上的商品，也有办法了解得一清二楚。

在上一章中我们看到，计算机算法可以比人类更快地监测到价格与需求的变化，尤其是对同质产品更是如此，并且可以迅速对竞争对手的销售策略做出回应，包括采取针锋相对的报复性举措。在用户对产品缺乏需求的价格弹性、产品同质的市场中，计算机算法总是能够迅速发现降价销售的卖家，并有效地进行回击，从而使得那些希望通过降价来扩展销售数量的企图被及时扼杀。市场透明度越高、算法的反应速度越快，率先降价的企业获利空间越小，进而跟风降价的企业也越少。如果企业开始变得无法从降价竞争中占到更多便宜，市场就更容易陷入默示共谋的情境。

但当算法拥有了可以使用信息技术手段获取全局视野能力时，计算机可以在任何调整价格的行为发生之前就对竞争对手发起的威胁做出预测，并且及时采取反制措施。这样将导致两种可能的结果。第一种结果是，每一家运用算法的企业都会在向其他同行企业发起进攻之前，全面地衡量一下这一反击可能产生的利弊。在做了充分的权衡之后，自主学习类算法往往会得出不主动掀起同行业竞争的结论。其中的逻辑其实也很简单：如果市场中的主要竞争对手都在运用自我学习类算法，它们就一定会相互忌惮。第二种结果是，通过追踪竞争对手与客户的行为，实时数据可以揭示一些重要的信息，比如，竞争对手是否在寻找提高销售数量的机会，这些机会或途径包括通过在更多的地区开设分店、扩宽目标客户人群、发展集团客户等，因此，如果每一家企业都可以迅速侦察到竞争对手将要采取什么样的策略，并且具备做出有效回击的能力，那么，可以想象到的结果是，它们谁也不敢轻举妄动。

所以，在自我达成型算法共谋场景中，假设市场中的所有企业都掌握了自我学习算法这样的信息技术，那么，市场透明度的提升会使得每一家企业都不敢轻易地通过秘密降价、抢夺客户等手段来拓展自己的市场份额。原因就在于，这些行动都有可能被竞争对手的算法发现，从而招致价格战或者其他报复性措施。

为什么会出现这样的默示共谋呢？可能的原因有两个，一个是丛林法则中的适者生存。只有反应速度快、头脑灵活的企业经营者最有可能开发出这种自我学习算法，从而在竞争中赢得优势地位。当他们对市场环境有了更加清晰的全局观时，他们可以迅速对市场变化做出回应。而不具备这项技术的竞争对手只能不断拱手让出自己的市场份额，甚至退出市场。这样一来，当弱势企业被逐渐淘汰，领军企业在信息系统建设上不断取得进展时，市场上的准入门槛将不断被抬高。最终，市场将被少数几个拥有自主学习能力的算法的企业所掌控，从而确立默示共谋。另一个原因是能够分享创新所带来的更高的回报。当企业与竞争对手分享数据时，自己也可以从中获益。因为默示共谋的稳定性还有赖于市场中各企业的协作。面对敏锐的市场监测与残酷的报复性举措，没有哪一个企业愿意做第一个吃螃蟹的人。因为，即便是它们试图通过降价销售或开拓新的市场来扩大市场势力，后来者也会迎头赶上，消解前者的超额利润。从这一点来看，当市场信息经由消费者再被传递到竞争对手的数据库，进而实现全行业的信息共享时，自我学习类算法可以有效降低市场中的不确定性。

自我学习算法的出现对于默示共谋的启示在于，默示共谋的发生场景可以扩展到所有商品市场，从而不再局限于同质化产品市场。机器学习算法在数据收集中会出现企业间协作搭建数据平台的要求。扎拉奇和斯图克就曾介绍了亚马逊的例子。2015年，亚马逊上线了自己的物联网云平台，这是一个集合了产品制造商、服务提供方与应用程序开发商的完整生态系统。在这里，各类人群都可以将采集到的数据上传到云中，通过加载和分析这些数据，程序开发者可以使用各项亚马逊服务打造出属于自己的应用程序。①

自主学习型算法的实现原理

目前，自主学习型算法的实现过程大多是基于机器学习原理来达到的。依据实现方法不同，人们将自主学习型算法分为三种，包括监督学习（supervised learning）、无监督学习（unsupervised learning），以及强化学习（reinforcement learning）。所谓监督学习，大体上的过程是这样的：首先，在计算机中输入一定数量的带有标记（监督信号）的训练样本；然后，再由计算机进行自主分析，并以此生成相应

---

① 参见：（英）阿里尔·扎拉奇和（美）莫里斯·E.斯图克合著，余潇译，《算法的陷阱：超级平台、算法垄断与场景欺骗》，北京：中信出版社，2018年，第82页。

的推断功能，形成结果并由计算机输出。比如说，设计者在设计这种算法时，为了让计算机识别物体的形状，他就需要事先准备好许多已经标记了形状与名称的物体照片。在这些训练样本的基础上，监督学习算法可以将所有的输入映射为相应的输出，而且，算法还可以对它所输出的内容进行简单判断。汽车自动驾驶就需要收集海量的参照物样本。所谓无监督学习算法，它的核心过程就是聚类，也就是说，算法要将那些并没有被做出标记特征的训练样本进行聚类。我们仍以物体形状的识别为例。在设计算法时，如果最初并没有对训练的样本与图片做出任何标记的话，那么，就可以直接通过无监督学习算法，由计算机来完成对训练样本的聚类。但是，由于在事先并没有对训练样本进行归类，所以，对于算法的输出结果，可能缺乏确定的衡量标准。所谓强化学习算法，它的过程是这样的，它以重复试错的方式，在训练时努力找到一种最优策略以达成目的。在试错的过程中，为了增强某种行为，人们可以给予算法一定量的刺激反馈，比如，通过奖励来强化正行为，或者是通过惩罚来强化负行为等。当前研究算法共谋时，最常用的算法是强化学习算法下的Q-learning算法。与无监督学习算法所不同的是，强化学习算法并不是一种映射关系。具体来说，比如，一个线上的购物平台，利用这两类算法，它在向消费者推荐商品时，就可能存在差异。如果是利用无监督学习算法，平台可能只会向消费者推荐类似的商品，因为它是以消费者以往的购物记录为基础。而与无监督学习算法不同，由于在训练算法时会受到消费者近期购物记录的影响，强化学习算法会尝试向消费者推荐不同的商品；并且，强化学习算法还会根据消费者平时的点击、浏览时间等数据，进行分析、反馈，从而构建出一个消费者购物偏好模型。

对各类算法实现的基本原理有了初步了解之后，在讨论自主学习型算法时，有几点是值得我们注意的。一是在构建算法模型时，算法的设计者在使用和设置训练样本时的个人偏好，对于算法模型的构建是会有影响的。比如说，在训练的样本上，算法设计者预先标记出人的种族、性别等参数，就很有可能会使得所构建出来的算法模型表现出一种性别或种族层面的歧视的倾向。二是随着人们为计算机准备的训练样本的模糊度不断提升，算法在对这些数据进行分析以及构建模型时，可能就需要花费更多的时间。这意味着，在设计复杂的算法时，如设计动态定价算法等，算法的设计者通常就需要对算法进行更长时间的训练。三是在设计强化学习算法时，算法的设计者为算法设置什么样的反馈机制，也会对算法模型的倾向性产生影响。我们仍以动态定价算法的设计为例。如果算法的设计者在算法的试错过程中给出这样的安排：对合作行为给予奖励（正强化），或对背离行为进行惩罚（负强化），那么，这样设计出来的算法模型最终很可能会体现出倾向于共谋合作的特征。如果能够对这样的特征有所掌握，那么，对于监管机构如何具体构建一个针对自主学习型算法共谋的监管框架，就会有着较好的借鉴价值。当然，已有的实验结果表明，算法设计者即便是不预先在算法中植入与合作相关的内容，基于利益最大化的需求，计算机算法也同样会学习合作。[①] 由于在算法的设计之初，设计者并没有为算法植入明显的功能与偏好，而且在计算机进行数据分析与处理的过程中，设计者也不会为计算机提供决策的依据，

---

① 转引自：王健、吴宗泽，自主学习型算法共谋的事前预防与监管，《深圳社会科学》2020年第2期第147—158页。

这样，对于反垄断监管机构来说，这类算法就无异于是一个不透明的黑箱。如果需要对自主学习型算法进行分析的话，监管机构似乎就应当从算法的相关特征入手，例如，为算法训练提供的样本是否存在偏好、反馈机制的设置是否有偏好等，对算法进行分析。

自我达成型算法共谋的实现过程

对于自主学习类算法，个人信息和市场数据是最关键的生产要素。当市场中可以获取的数据不断丰富时，很高的市场透明度将为企业在千百种经营方案中确定一条实现利润最大化的最佳路径。

在前面的几种算法共谋场景中，计算机算法都只是经营者用来实现利润最大化的工具。而在自我学习类算法引致的自我达成型算法共谋中，人类并没有给算法设定一个稳定市场或暗中串通的任务。自我学习类算法是独立运行的，它紧紧盯着市场动态，从而识别出最佳策略。

有了自我学习型算法，计算机可以更快更好地对竞争对手的行动做出预测与理解，因此，彼此的经营策略也将更加稳健与可靠。当每一个算法模型都可以通过获得额外的数据来对竞争对手的行动做出判断时，各种不确定性、误解，都有望得到化解。

扎拉奇和斯图克曾以两个公司为例，说明从传统模式的竞争到自我达成型算法共谋的演进过程。[1]

假设市场中有两家企业，一家美国公司，一家加拿大公司，两

---

[1] 参见：（英）阿里尔·扎拉奇和（美）莫里斯·E.斯图克合著，余潇译，《算法的陷阱：超级平台、算法垄断与场景欺骗》，北京：中信出版社，2018年，第83—84页。

家公司都只在本国市场开展经营活动。如果美国公司选择跨出国界，将经营触角伸向加拿大的领地，那么，加拿大公司肯定会采取反击行动，也在美国公司的领地销售自己的商品。这样一来，每个企业都有可能选择按兵不动，同时希望对手也如此。这种态势，会让企业明白，任何市场扩张行为所带来的回报，都有可能会被对手的反击所消解。

这种关系可能会给彼此带来错误的认知，因为任何误解都有可能引发一轮轮针锋相对的市场竞争。假设这样一种情况，市场中有一个经销商将美国公司的产品运到了加拿大销售，而美国公司对此一无所知。愤怒之余的加拿大公司也会不甘示弱地侵入美国市场，而此举也会引起美国公司的回击。

当市场竞争对手之间普遍存在着误解和不信任时，从长远来看，他们时而合作，时而背叛。对消费者来说，他们则可能从企业的争斗中获益。

这就是传统模式下市场竞争的大体情形。

现在，我们将机器自主学习算法的运用融入其中。在最初阶段，考虑到企业之间的误解客观存在，软件工程师可能会遵循针锋相对的策略来编写算法程序。但在模型搭建的过程中，工程师仍然可以对算法赋予不同等级的容忍度阈值。比如，每个月内竞争对手100辆货运卡车中，有5辆货运卡车跨过了国界，则认定为对手已经发起竞争，并启动报复行动；而如果少于5辆货运卡车跨过国界，则不启动报复行动。算法一旦摆脱了针锋相对的定价策略的束缚，具备了自主学习能力，就会在不断演进的竞争策略中实现利润最大化的目的。

有了自我学习算法，两家公司的计算机可以实时侦察到各自的经销商暗地里开展的跨国销售行为。对于此举，两家公司的算法模型可能还会发现，每当发现搭载着自己产品的经销商的货车跨过了国界，对方公司就会立即切断对该经销商的货物供给，有了这样的警告和震慑，其他经销商也不敢再跨国界销售自己公司的产品。于是，美国和加拿大两国的垄断价格得以稳定。面对对方公司的及时回应，每个公司的自主学习算法可能会选择放弃报复行为。这样一来，双方有效地避免了一场害人害己的价格战。

正如博弈论告诉我们的，当一方越了解对手，或者说可以更好地掌握对手的策略性行为时，他就越有可能找到双方开展合作的最优解。在自我达成型算法共谋场景中，企业可以在持续监测竞争对手市场行为的过程中，谋求开展合作的契机。举例来说，算法可以通过实质上的客户资源分割来确保达到稳定市场份额的作用。自我学习算法可以通过数据来甄别出竞争对手的核心客户，并有效限制自己对这类客户群体发出有关促销信息。这实际上是一种竞争的自我克制，这种克制行为可以在无形中有效化解价格战的危机。

从实践来看，自我达成型算法共谋不仅可以辅助并稳固企业之间有意识的平行行为，而且还可以拓宽这种行为的应用领域，在有更多市场竞争对手参与的情境下，默示共谋仍然可能成立。

传统经济条件下，人类在进行价格操纵时，彼此需要积累相当程度的互信。当市场中存在同业协会或者领军企业时，卡特尔组织往往可以网罗更多的企业参与其中。但是如果没有领军企业，无论是默示共谋还是明示共谋，参与其中的企业数量都将大为减少。原因就在于默示共谋的成立需要一个高度集中的市场环境，因为监督两家竞争对手的战略性行为总比监督20家企业要轻松得多；同样，同等力度的惩罚性措施带给3家企业的杀伤力也远远大于对20家企业的惩罚。

那么，换成了计算机来操纵价格呢？计算机之间既不存在互信的问题，也能摆脱一些不稳定因素，依靠审慎分析，既巩固默示共谋成立的基础，也扩展默示共谋的领域。

与人类不同，计算机在默示共谋开展的过程中，既无惧经济处罚，也不会冲动行事。在自我达成型算法共谋的场景中，计算机可以追踪到无数竞争对手的市场行为，并及时发现价格背叛者。如果计算机通过自我学习后都不约而同地围绕一个主导战略，市场中的算法将一同对价格背叛者施加处罚。当算法的普及已经扩展到全行业时，我们将会看到容纳了更多参与者的默契串通行为。

自主学习算法实现共谋也有可能并非一帆风顺

当然，自主学习算法真正要促成自我达成型的算法共谋，也可能并非一帆风顺，共谋的实现还是存在一定现实障碍的。

尽管人们不断探讨算法在实现自主共谋上的可能性，比如，有人使用基于强化学习技术和Q-learning算法，根据零和博弈等策略尝试模拟默示共谋，也有的学者发现基于强化学习算法的智能代理人在古诺双寡头垄断中可以实现默示共谋，也有人从双寡头竞争模型中成功建构了一种线性勒索算法（Linear Extortion to collusion Algorithm），并成功模拟了与人类实现共谋的情形。[①]这说明自主学习类算法共谋产生的威胁是真实的、可预期的。但是，在真实的市场环境下，要依赖复杂的自主学习算法实现共谋可能会存在许多障碍。

[①] 转引自：周围，算法共谋的反垄断法规制，《法学》2020年第1期第40—59页。

首先，算法函数的偏好存在着差异性。在自主学习算法试图进行共谋的场景中，算法所代表的不同经营者彼此收益相关，且无法独立优化。要想达到均衡，则需要考虑联合行动与各算法之间的连锁反应。原则上，这需要算法程序之间互相信任并且访问内部信息。但每一个自主学习算法的设定是无法博弈和互相试探此类联合行动与反应函数的，故而这无法在经营者或算法制定者不知情或不允许的情况下实现。有鉴于此，自主学习算法必须面对价格不断波动及算法之间对价格的信任认定问题，所以还需要预先引入寡头垄断者之间交换信息等辅助机制，来确保共谋均衡的稳定性。但这又背离了自主学习算法引发市场系统性共谋风险的前提。

其次，交易信息和市场数据的非平稳性。每个算法智能代理人的最佳策略会由于其他智能代理人的反应而改变，这种交易信息和市场数据的非平稳性可能使得算法之间的趋同属性失效。如果将定价算法的博弈抽象为一个个独立的阶段，那么则需要进一步确定每一个阶段的确切构成以及阶段内的时间长度。每个寡头垄断者可能对此有不同的认识和预测，从而导致一个算法在对其他算法预期的均衡状态进行判断时出现失误，这样会降低算法之间发生共谋的可能性，也会降低共谋的效率。同时，在计算各自收益时，算法可能还需要考虑其他经济变量，包括需求预测、垂直整合策略、投入价格等。这些不断变动的数据增加了自主学习算法达成共谋的不确定性。

最后，自主学习算法的"探索—利用"困境（exploration-exploitation dilemma）。算法的可拓展性是自主学习算法的主要特点，其中包括探索和利用两种倾向。前者用于分析当前数据并对未来可能的更高收益做出预测，但是，过于关注探索的算法可能会错失实现均衡的条件，不利于共谋的达成。而后者则更注重已知的能产生最大化利润的状态和策略，但也存在披露价格不充分，导致无法使价格处于竞争水平之上的风险。两者的权衡是自主学习算法在开发现有知识与探索以改进现有知识之间的权衡，这也是多智能代理人环境下实现共谋的一个障碍。①

正是由于自主学习类算法共谋的达成在现实中存在着上述障碍，有人认为，基于当下的产业实际状况，自我达成型算法共谋尚不足以颠覆当前反垄断法的制度框架。尽管已经有大量新技术涌入，但是市场的竞争与监管问题，仍将是以人为中心的。②

自我达成型算法共谋表现情形的多样性

如果企业的经营活动或决策需要严重依赖于大数据和数据分析的话，那么，有关数据的收集、储存、处理，以及数据分析等活动，一般都会增加企业的经营成本。因此，为了降低经营成本，很多企业都已经开始着手开发一种具有智能性的、可自我学习的机器，利用这种机器的智能化、自动化的特征，取代人的活动，服务于企业的决策、交易和管理等经营行为。

算法实现智能化，并具备自主学习的能力，其基础是人工智能及其相关技术的发展。作为计算机科学的一个重要分支，人工智能主要涉及智能机器的研究、设计和应用。在这个过程中，它模拟人类的思

---

① 转引自：周围，算法共谋的反垄断法规制，《法学》2020年第1期第40—59页。
② 参见：周围，算法共谋的反垄断法规制，《法学》2020年第1期第40—59页。

维模式，并以机器的方式展现出来，进而以此为基础，开发出一种具有智能化水平的人工智能机器，这种机器的智能化程度，甚至已经超过了人类思维。这种技术的发展，最终使得具备自我学习功能的计算机算法程序的创建得以实现。

随着机器学习技术的应用，算法技术获得了快速发展，进而具备了预测和决策能力。而这种能力，为算法对经营者的市场经营行为施加影响或进行干涉提供了可能。通过机器学习，以观测到的数据为基础，设计者可以帮助算法建立起相应的模型，而算法则可以根据现有的模型来求解问题。机器学习的一个重要特征就在于，通过不断地向计算机输入相关数据，计算机可以反复地构建或修正算法模型。而且，在这个过程中，不需要固定的程序指令，算法模型可以自动运行。机器学习技术的运用，使得算法具备了根据市场变化独立地做出预测、分析和决策的能力，从而升级为智能算法。

自主学习型算法，这种采用人工智能技术，特别是机器学习技术而开发出来的算法技术，在一些领域内已经出现。同时，在企业的商业决策中，无论是在理论上还是在技术上，也已经具备了应用这种算法的可能性。但是，自主学习类算法在企业中的广泛运用，将会给市场带来较大的共谋风险。原因就在于，算法的设计者在设计这种算法时，通常会为企业设定一个特定的经营目标。而为了实现这一目标，在获取大量数据的基础上，这种算法通过自主学习和反复试验，它可以不断改进自身的决策模型，最终得出实现这一目标的最优方案。在这一过程中，既然是由算法自主进行决策的，那么，为了实现企业的经营目标，算法也可能采取以排除、限制竞争的方式来进行，这种情况的出现就很难避免。这也是面对这种算法时的一个困惑之处。例如，如果算法的设计者为企业设计算法时，为算法程序设定的目标就是企业的利润最大化。而通过机器的自主学习和数据训练，智能算法最终可能得出这么一个解决方案：实现企业经营利润最大化的最优途径就是实施共谋。如果这样，智能算法程序就能迅速与市场上其他经营者使用的算法进行沟通，最终达成有利于市场经营者之间利润最大化目标的共谋意向。而且，在企业后续经营活动中，算法之间还会自动沟通交流，并协调市场的交易条件，形成共谋。这种共谋，就是自我达成型的算法共谋。

由于自主学习算法在实施共谋行为时，是算法独立进行的，共谋的达成就更加便利，反垄断机构对这种共谋也更加难以监管。为了达成共谋意向，取得经营者之间的相互信任，智能算法之间，并不需要像人一样，经过面对面的磋商和交流，这一过程，机器在虚拟网络中自动就完成了。跟人与人之间的信用相比，智能算法之间的信任基础可能会更加坚实，这就使得在智能算法之间达成共谋协议，比在人和人之间达成共谋协议更加容易。在监控市场上的商品价格等信息的能力方面，与人类或是普通的定价算法相比，自我学习类算法也更有优势。通过深度学习，人工智能可以以一种人类无法想象的速度，快速地实现信息分享，并做出相应的分析和调整自己的决策。让共谋行为的监管者更为头痛的是，算法之间的这种相互沟通，并不会给监管者留下任何可以作为犯罪证据的痕迹。

一般情况下的算法共谋，都是存在于有直接竞争关系的市场经营者之间，而且大多采取横向共谋的形式。但是，要达成并实施算法共谋行为，在参与共谋的经营者之间，需要就共谋行为的实施方式、实施条件等内容共同达成一致，并且需要根据已经达成的共谋协议，来协调经营者之间的行为,使得经营者之间的共谋状态能够持续,并保持稳定。而在自主达成型算法共谋的情境下,共谋的达成路径发生了改变,通过互联网平台、开源数据库或者是第三方设计者等,市场经营者往往都可以达成共谋。这就表明,经营者之间达成共谋所需要的市场条件逐渐降低了,也进一步弱化了市场上竞争者的数量与形成共谋之间的关联关系,这就扩大了能够导致经营者之间达成共谋的市场范围。①

目前阶段,虽然特征较明显的自主达成型算法共谋的案例在现实中还没有出现,但是,已经有大量的实验研究证明存在着自我达成型算法共谋的存在性和可维持性的证据,这也是算法共谋研究的一个重要方向。孟昌和曲寒瑛对十多项这类实验研究进行了较全面的梳理和描述。②从共谋的载体出发,这种自我达成型的算法共谋可能以下面的情形出现。③

基于第三方的算法设计者或代理商的共谋情形

开发自主学习型算法,要求具有很高的专业化程度。所以,为了降低开发成本,市场上的经营者大多会做出这样的选择:他们把算法的设计与开发任务,外包给第三方设计者,或者是直接购买和使用第三方代理商提供的算法。在同一个市场上,如果有直接竞争关系的众多经营者使用的是同一个自主学习型算法,而且还都是由同一个第三

---

① 参见:周围,算法共谋的反垄断法规制,《法学》2020年第1期第40—59页。
② 参见:孟昌、曲寒瑛,算法合谋及其规制研究进展,《经济学动态》2021年第6期第128—143页。
③ 参见:王健、吴宗泽,自主学习型算法共谋的事前预防与监管,《深圳社会科学》,2020年第2期第147—158页。

方设计者或代理商提供的,那么,相似的算法架构甚至代码,就可能会导致在市场中形成自我达成型的算法共谋。在相关的算法实验中,也体现出了这种情况。比如,在自我合作时,有些算法(如S++算法),在收益率上就表现得更为优秀,此外,这种算法还表现出合作的达成过程更加快速、维持合作的时间更加长久等特点。在讨论中心辐射类算法共谋时我们提到的立陶宛旅行社的案例中,涉案的旅行社也都是使用第三方代理商提供的算法。作为第三方代理商的伊图拉斯(Eturas),为各个旅行社提供了一个在线预订系统。因为这个在线预订系统从技术上限制了旅行社的折扣率,所以,各个旅行社向消费者提供的折扣率就被强制保持在3%以内。作为第三方算法代理商,即便伊图拉斯(Eturas)并没有参与相关市场的竞争,但它为价格协同行为的达成提供了便利,所以它应当受到处罚。而如果是在自主学习类算法的应用背景下,伊图拉斯(Eturas)公司可能根本就不需要通过邮件来通知各个旅行社关于预订折扣的问题,算法本身就可能把这一协同问题给解决了,也就不会给监管机构留下发现旅行社之间存在横向协同行为的证据。

基于开源数据库的共谋情形

市场信息的质量与特性,对共谋也有影响。自主学习型算法在对市场进行评估、对经营者的行为进行预测时,如果算法所收集的市场信息是相似的,或者包含某类特殊信息,评估和预测过程就会受到影响,进而影响共谋的形成。为了进一步便利自我达成型算法共谋的形成,可能存在一种较为直接的方式,参与共谋的各个经营者之间向对方开源数据库的接口,或者是共谋的各个参与者共用某一个开源数据库。例如，西班牙国家市场与竞争委员会（CNMC）2019年4月发布的报告宣称，西班牙最主要的烟草批发商Logista，基于其在市场上的支配地位，①开发了一个计算机应用程序，这个程序可以每天发布烟草销售的相关信息。结果，自2008年以来，以共享对烟草销售的相关信息为基础，与Logista签订了分销合同的各个烟草制造商的产品价格一直保持着高度的一致。这种共谋情形下，还有另外一种表现方式就是，市场经营者就开源数据库内的某一特殊信息，事先进行协调，然后再以这一信息作为共谋的信号。如同美国航空票务发行公司的案例中那样，各个航空公司会依据美国航空票务信息发行公司向社会公开的机票发售的起止日期，而进行价格共谋。②

基于平台的共谋情形

在当下的经营环境下，很多从事电子商务的个体经营者，大多会选择寻求加入某一个互联网平台，以此来降低自己的经营成本。而为了避免在市场经营者之间出现恶性竞争的情况，很多互联网平台，如优步、滴滴出行，大多会以通过提供定价算法的方式来与平台内的各个经营者达成纵向协议，这最终可能导致在市场经营者之间达成横向的价格一致。这样一种共谋行为，并没有经过经营者之间的横向沟通，而是经由平台型企业而达成的，这就是我们前面所讨论过的中心辐射类算法共谋。这种中心辐射类算法共谋是由横向协议与许多个纵向协议共同构成，横向协议是隐蔽的，纵向协议是外显的。我们前面

---

① 烟草批发商Logista自2008年以来，全国范围内的市场份额长期维持在99%。
② 上述案例转引自：王健、国宗泽，自主学习型算法共谋的事前预防与监管，《深圳社会科学》2020年第2期第147—158页。

已经讨论过，在中心辐射类算法共谋中，监管者往往缺乏直接证据来证明横向协议的存在。这样，对横向协议存在的事实如何进行认定，对横向协议的违法性如何进行认定，都是较为困难的事情。但是，如果平台提供的统一算法是基于机器的自主学习算法，又如何去发现和认定这里面所隐蔽的横向协议呢？

在此基础上，自主学习型算法还可能会衍生出另外一种情形，那就是附带条件的价格歧视行为。例如，我们在前面提到过的优步，它就曾经在一段时期内表现出价格歧视的倾向，对于那些不经常匹配优步平台订单的用户，优步的算法会设置更高价格。在我国的反垄断法中，价格歧视属于企业滥用市场支配地位的行为，价格歧视的实施主体一定是具有市场支配地位的经营者。可是，附条件的价格歧视行为则不同，在这种情形中，实施价格歧视行为的经营者并不需要具有市场支配地位。平台只要掌握了充分的数据信息，就可以实施价格歧视行为。在这种情况下，企业对用户信息的控制情况与企业的市场支配地位之间，是不是存在某种关联，以及如何判断平台型企业的市场支配地位，这些问题都应当给予充分的关注。在运用自主学习算法的情况下，也会使得算法共谋行为变得进一步复杂化。

自我达成型算法共谋的特征

在自我达成型算法共谋的场景中，共谋行为的实施者是具备学习能力的算法。而在设计和使用算法的过程中，也许算法设计者和使用者并没有为算法设定一个排除和限制竞争的目标。但是，通过对市场的分析，算法自己得出了这样的结论：实现企业利润最大化的最优解就是实施共谋，于是，算法自行实施了共谋行为。之所以将这种共谋称为自我达成型算法共谋，是因为这一共谋行为的实施是由算法独立完成的，在这个过程中，完全排除了人为的干预。

简单来说，我们可以从四方面对自我达成型算法共谋的特征做一个归纳：第一，算法是共谋行为的实施主体，这种算法具有这样的能力，它可以进行自我学习和自主决策。第二，算法的设计者和算法的使用者可能并不存在这样的主观意图：利用这一算法达成和实施共谋。他们只是为这个算法程序设定了一定的经营目标，比方说，企业利润最大化，而算法程序根据自主分析得出的结论是，实现经营目标的最优解就是实施共谋。第三，依据这一结论，算法程序自主地与其他经营者使用的算法程序进行沟通协调，并达成共谋，共同实施协同行为。第四，算法之间的这种协同行为，造成的后果是在相关市场上排除和限制了竞争。①

如果要全面理解和把握自我达成型算法共谋的本质特征，以及它可能带来的影响，我们就必须了解人工智能技术。在人工智能技术中，机器学习技术使得算法成为一种智能程序，这种智能程序能够不断地从数据和经验中进行学习。机器学习技术包括多个子领域，其中的深度学习就是一种重要的技术。计算机系统通过创建人造神经网络，模拟人类的神经元活动，可以实施复杂的行为。与传统算法的线性特质不同，深度学习算法的运行结构表现出越来越复杂和越来越抽

---

① 参见：柳欣玥，垄断协议规制中算法合谋分类研究，《竞争政策研究》2019年第5期第10—41页。

象的特征。同时,深度学习技术也有缺陷。比如,在解决最为复杂的问题上,深度学习虽然具有巨大的潜力,但是,它缺少一个功能,即特征提取。这就意味着,算法在将输入转化为输出时,到底利用了哪些信息或特征,我们对此没有任何概念。也就是说,对于算法会得出什么样的结果,以及算法如何得出这样的结果,算法的设计者和使用者无法获知。从输入到输出之间,存在着一个我们所不知道的黑箱。

正是由于深度学习的技术属性,决定了自主学习类算法的依附性和独立性。自主学习算法的依附性指的是,只有通过大量的数据训练,才能形成智能化的算法。因此,设计者提供的数据或训练素材,就决定了这一算法程序最后会呈现出怎样的基本特征。也就是说,算法的设计者需要算法具备什么样的功能,他就可以通过提供数据和训练素材的方式,将自己的需求传递给智能化算法。因此,在智能化算法的自我决策行为中,不可避免地也会体现着算法设计者的需求。所谓的独立性是指,在获得了充分的训练,并完成程序设计之后,智能化算法得出结论的过程,并不会展现给算法的设计者和使用者。这样,算法的设计者和使用者就无法跟踪和监测算法的决策过程,同样地,对于算法实施的共谋行为,设计者和使用者也难以防范。

依据人工智能技术使用程度的不同,人们将自主学习型算法分为两种:不纯粹的自主学习型算法与纯粹的自主学习型算法。所谓不纯粹的自主学习型算法,是指在算法的设计和开发中,只是部分采用了人工智能技术。比如,设计算法过程中,只是在构建市场价格预测模型时,采用机器学习算法。从达成共谋角度来看,一般来说,由于不纯粹的自主学习型算法只是部分采用了人工智能技术，因此，在实际运用算法的过程中，还需要使用者进行具体操作。所以，在这种由不纯粹的自主学习型算法所促成的共谋中，算法仅仅是使用者实施共谋行为的一个辅助工具，因为使用者可以在较高程度上保持着对算法的控制。如果市场信息的透明度很高，算力水平也达到一定的程度，那么，在设计算法时，设计者就可以整体采用人工智能技术来生成相应的模型。这种完全采用人工智能技术的计算机算法，就是所谓的纯粹的自主学习型算法。在这种纯粹的自主学习型算法促成的共谋的情境下，在算法的整体输出过程中，并不存在明确的、可修正的行为依据，所以，这种共谋的自主化程度较高，使用者也难以直接控制这一共谋过程。在实际运作时，借助于分析历史数据、反复试错等方式，纯粹的自主学习型算法能够掌握更为复杂的共谋方式。在共谋的达成过程中，这种算法通常可以集合信号算法、监督算法等各类算法的特点，无论是在产量层面、竞标层面，或者是在销售层面，以不同于以往的形式自主达成共谋。在市场信息透明度较高的市场上，如在线票务预订平台，即使是在缺乏明确沟通的情况下，通过发出价格信号、惩罚背离行为等方式，纯粹的自主学习型算法也能够主动开展并维持价格共谋。在算法相似度较高的市场上，如移动出行平台，基于消费者画像，纯粹的自主学习型算法能够针对不同消费者制定不同的价格。前面提到，优步（Uber）平台就曾经在一段时期内表现出这样一种倾向，它对不常匹配平台订单的用户设置更高价格。当然，这应该是利用算法进行的价格歧视，还不能算作算法共谋。但是，显而易见的是，这种由纯粹的自主学习型算法所导致的共谋情形，在一定程度上，将会扩大可能发生共谋的市场范围，提高市场的进入壁垒，并使得行为歧视的现象较为普遍。这种共谋行为，可能威胁到市场的公平竞争秩序、消费者权益，以及经济运行效率。①

这样，我们将自我达成型算法共谋的特殊性做以下的归纳。

在自我达成型算法共谋中人的主观意识进一步弱化

前面讨论的三种共谋类型中，算法的设计者和使用者事先就如何达成共谋，制定了相应的机制，让算法可以在一定条件下执行共谋机制。因此，从本质上来看，与反垄断法以往所规制的共谋行为相比，这三种类型的算法共谋并没有太大的区别。但是，自我达成型算法共谋，事实上却是这样一种状态：对于价格的设定、产量的设置等决策，算法自主做出了近似或相同的预判。这个决策，算法是基于利益最大化的既定目标，依据供需关系、成本费用、产品产量、产品差异等相关的市场信息而做出的。自主学习型算法的设计框架中，并不需要有明确的参数或公式，作为实现共谋的基础。相较于其他类型，算法的设计者和使用者想要通过设计环节对自主学习型算法施加影响是有限的。脸书人工智能研究院（Facebook AI Research，NY）就曾在它的一份研究报告中指出，算法的设计者不需要做出特定的设计，强化学习算法就可以表现出一定程度的合作行为。如果市场条件足够理想的话，仅仅是在基础设计框架下，自主学习型算法就有可能自主衍生出平行行为。

自主学习算法形成的共谋是由算法主导形成的。由自主学习算法

---

① 参见：王健、吴宗泽，自主学习型算法共谋的事前预防与监管，《深圳社会科学》2020年第2期第147—158页。

主导实现共谋的案例，尽管目前还没有出现，但人们已经通过构建利润最大化函数模型，成功模拟了利用算法设定价格的两个经营者实施共谋的情形。在这一模型中，假设两个寡头垄断经营者在局部时间点上均能够快速、及时地解码对方的算法及价格，并相应地调整自己的价格。经营者A采用一种对竞争对手的任何提价进行匹配的定价算法，在此情况下，经营者B的最佳反应就是将其视为某种提议，同时并行地提升价格。只要经营者A不能迅速修改其价格，经营者B就会将其视为提高价格的坚定承诺，从而摆脱竞争均衡价格。这一模型中算法抑制了价格调整的及时性，导致算法之间的共谋不可避免，这也同时证实了在寡头市场中当具有可信承诺时算法达成共谋的可能性。这种能够自主观察、接收、馈入市场信号，并根据预设逻辑得出反馈结果的算法与机器学习、深度学习等人工智能技术相结合，通过使用不同的编程原理来设计智能代理人（agent）处理复杂的市场竞争问题，完全规避了经营者在市场竞争过程中的主导作用。

就自主学习型算法的操作过程而言，也极为明显地表现出人的主观意识弱化的特征。比如，在共谋合作对象的选择上，自主学习型算法在主动进行匹配的时候，大多是以价格信号或单边公告的方式进行，这样，与以往的共谋类型相比，它选择匹配的范围就更广泛、随机。如果智能算法的自主性达到一定程度的话，人们对算法操作层面的控制程度 进一步弱化；通过对市场信息反复预测与评估，在信号发送、监控及从事平行行为方面，自主学习型算法能够独立做出决策。如果合作行为能够产生更高的收益，自主学习型算法就会自主展开合作。因为无法直接参与共谋的实施过程，算法的设计者和使用者的主观意志，就很难得到具体体现。这样一来，对于共谋参与者的共谋意思如何进行认定，就变得更为困难。

自我达成型算法共谋的共谋状态进一步稳定

共谋状态的稳定程度，通常取决于两个因素，一是共谋行为的隐蔽程度，二是对背叛行为的惩罚能力。从共谋行为的隐蔽程度来看，经营者在达成价格、产量一致之前，往往要依赖于事先约定、预设的固定参数或公式。因此，即便是借助于算法实施的共谋行为，经营者共谋意思的表示也是较为明显、明确的。另外，事实上，有一些算法共谋也常常表现出明显的跟随性，比如，前面提到的亚马逊平台上的书商，就利用算法相互参照对方的定价，导致陷入循环定价的窘境。但是，自主学习型算法在达成共谋时，通常就不需要明确一致的公式和参数，而且它能够依据市场的动态情况，主动调整自身的价格来达成共谋合意。这就使得在面对监管时，达成共谋的经营者能够保持较好的隐蔽性，并进而维持共谋的稳定性。当下，虽然多数算法共谋的达成，仍然需要算法的设计者和使用者以某种外显的方式进行引导。但是，在实验室环境中，人们已经发现，有一部分算法表现出了具有一定程度的自主交流和协作能力。比如，已经有学者证明，基于强化学习而设计的S++算法，就可以基于预设的信号模块与其他算法（甚至人类玩家）在游戏中进行协作；而且，多个测试都表明，这种算法都能保持较高水平的协作性能。在复杂程度较高的游戏中，S++算法甚至会使用一些复合动作来传递合作信息。而对于这种以复合动作传递信息的方式，人类玩家并不会使用；对于所传递的信息，他们通常也难以理解。如果在实际的市场情境下实施这些复合动作，那么就意味着，自主学习型算法共谋的隐蔽性将进一步提升。①

共谋状态的稳定,主要来自惩罚机制。鉴于共谋参与者的背叛行为会造成其他共谋参与者的利润损失,因此,参与共谋的经营者是否能够及时识别背叛行为,并对背叛行为及时做出反制,就是达成共谋时必须考虑的因素。依托大数据,现有的算法在一定程度上能够满足共谋参与者的这一需求。比如,对于共谋的参与者来说,他们通过采取以牙还牙策略,或者是采取价格跟随行为,对于那些私自调整定价或库存的行为,能够做出及时响应。实际上,共谋参与者的背离行为所能够产生的利润空间,已经被大大压缩了。因而,在操作层面,共谋参与者之间的监督、惩罚行为,也仅仅是威胁意义上的存在,因为已经不太可能出现背叛行为。

共谋的稳定性还来自共谋实现方式更为隐蔽,也从而使得共谋更具有可持续性。在前面我们已经讨论过,算法技术的使用,使得数字市场的一些特征被改变了。比如,通过算法的使用,既提高了市场的透明度,也提高了经营者快速回应对手行为的能力。在这种环境下,通过运用算法,在没有明确沟通或互动的前提下,市场经营者就可以相互依赖,而这就提升了产生默示共谋的风险。通过相互依赖以及相互的自我意识,算法可以协调一致并将价格推向垄断水平。而且,自主学习算法还使得默示共谋在多样化的环境下变得可持续,并不仅限于高集中度的市场和同质产品市场,从而在非寡占市场结构中拓宽了寡占问题的适用范围。传统的默示共谋只能在相对集中的市场中持续

---

① 参见:王健、吴宗泽,自主学习型算法共谋的事前预防与监管,《深圳社会科学》2020年第2期第147—158页。

存在，当经营者反复且无限次沟通时，默示共谋在某些限制条件下是能够实现均衡的。但是，算法的出现和广泛应用，在一定程度上拓宽了算法共谋形成所依赖的市场结构。OECD的报告就曾指出，算法可能会对数字市场的某些特征产生影响，以至于可能在更广泛的情况下使得默示共谋变得可持续，可能将寡头垄断问题扩大到非寡头垄断的市场结构。①

自我达成型算法共谋的规制困境

目前来说，自我达成型算法共谋作为一种最高级别的默示共谋，它并不是人类的初衷，从而无法找到证据来证明企业之间签订了垄断协议或者存在反竞争意图。人类创造了算法，需要算法来为这种共谋担责吗？扎拉奇和斯图克认为，面对这种算法共谋，人类并没有相应的办法，执法工具箱中空空如也。②

人工智能的发展，使得人们在判断垄断协议行为时，面临着一系列的难题。比如，在自主学习型算法促成的算法共谋中，要辨认垄断协议的实施主体，就会面临一定的难度；再者，如果一旦确认共谋行为是由自我学习型算法自主实施的，那么，这一共谋行为是否符合现有垄断协议的概念？对于这一点，人们也将会产生争议。还有，对于这种影响市场竞争的算法共谋行为，应当如何进行追责，也会是反垄

---

① 参见：OECD, 2017, Algorithms and Collusion: Competition Policy in the Digital Age, www.oecd.org/competition/algorithms-collusion-competition-policy-in-the-digital-age.htm.

② 参见：（英）阿里尔·扎拉奇和（美）莫里斯·E.斯图克合著，余潇译，《算法的陷阱：超级平台、算法垄断与场景欺骗》，北京：中信出版社，2018年，第86页。

断监管要面临的问题。

辨认自我达成型算法共谋存在技术难题

面对算法共谋的时候,人们首先需要做出判断,这种与算法相关的共谋行为,究竟是由算法自主实施的,还是由算法的使用者或设计者利用算法来实施的。随着算法技术越来越智能化,这一问题就更显得突出。如果对这一问题处理不当的话,可能会导致算法的使用者和设计者需要承担的责任,与他们使用和设计算法的行为不匹配。但是,认定一个算法共谋,到底是由算法自主实施的,还是由经营者预先设定的,在实践中存在较大的难度。实际上,如果说,针对前三种类型的算法共谋,监管机构还可以通过经营者的主观目的和行为来获取证据的话,那针对自主学习型算法独立实施的共谋行为,监管机构就难以收集类似的证据。因此,认定这一类算法共谋行为,就只能通过技术手段来完成。同时,对于这种具备自主学习能力的算法实施的共谋行为,如果想要对它进行事前、事中或事后的监控的话,监管部门就需要具备极强的技术手段。只有借助于技术手段,监管机构才能判断算法是否具备相应的学习能力和分析能力,在此基础上,才能认定算法是否实施了反垄断法所禁止的共谋行为。

认定自我达成型算法共谋构成垄断协议缺乏法律基础

自我达成型算法共谋的实施主体是算法程序本身,这就不符合现有的垄断协议规定中对主体要件的界定。也正因为如此,人们对于这类共谋行为是否构成垄断协议的问题,就存在一定的争议。在传统的垄断协议分析框架中,对垄断协议行为的实施主体的界定是明确的,垄断协议的实施主体是具有权利能力和行为能力的个人、公司、企业或其他组织。我国《反垄断法》第12条规定，垄断协议等垄断行为的实施主体，是经营者以及行业协会。但是，在自我达成型算法共谋的场景中，到底应该认定共谋行为的实施主体是算法，还是应该认定共谋行为的实施主体是最初设计与启动算法的经营者，这就值得探究。也许，在数字经济的背景下，针对算法共谋行为，我们需要构建一套相应的法律体系和执法规则，明确算法共谋行为的认定准则。

界定自我达成型算法共谋行为的法律责任缺乏法律基础

在各个国家的竞争政策中，对于从事垄断协议行为的主体的法律责任条款，都做了明确的规定；在部分国家的反垄断法中，甚至可能还会对共谋行为的实施者给予一定的刑事处罚。但是，在对自我达成型算法共谋行为进行追责的时候，就将面临两方面的问题：追责的法律基础是什么？以及是否存在追责的可能性？如果要处罚自我达成型算法共谋的行为，就必须明确承担责任的主体是谁，同时也要明确依据什么样的法律基础让他来承担共谋的责任。首先，算法只是一种程序，它本身并不是适格的法律主体，它也不具备相应的责任能力。即使算法已经高度智能化，而且也能够独立地实施共谋行为，它依然只是一种程序。其次，让算法的设计者承担垄断责任，法律基础也是不充分的。虽然他们编写了程序，但是，在算法之间自动实施协同行为的过程中，算法的设计者并没有进行明示的或默示的意思联络，而且，他们也没有实施协同行为。再次，是否应当让算法的使用者来承担法律责任呢？这同样面临争议。算法的使用者可能仅仅是为了完成特定的商业目标而使用了算法程序。如果不能证明，他们使用算法的主观目的，就是想要通过垄断行为来达到自己的商业目标，那么，仅仅因为他们从事了使用算法的行为，就对他们进行追责，恐怕也说不过去。

自我达成型算法共谋对反垄断法的人类中心主义规制框架存在潜在的突破

作为一种工具，自主学习算法使得经营者之间不再需要进行明确的沟通或交流，就可以自动达成共谋，也不需要经营者的干预。实际上，算法在经营者之间，所起的是一个媒介的作用。通过收集与处理市场数据，算法代替经营者，对于竞争对手的行为快速做出应对。另一方面，在控制共谋的结构方面，算法也可能会比人类做得更好。原因是，算法既可以更为精确发现市场价格的变化，也可以消除人类偏见等非理性的因素，从而可以避免一个共谋结构被错误的行为所削弱。在传统反垄断法中，对垄断协议的规制是基于人类中心主义的视角。首先，在禁止经营者实施反垄断法所规定的垄断协议时，反垄断执法机关经常会利用竞争对手相互之间的不信任，放大涉案经营者对执法行为的恐惧，以实现案件的突破。其次，在判定经营者是否违反反垄断法实施共谋时，通常需要衡量垄断经营者或企业进行垄断经营的行为意图，以及判断经营者之间是否存在一致性意见或合意。行为的意图、一致性意见或对违法的恐惧，都是针对假定的人类心理状态。但在自主学习算法主导共谋时通常很难奏效。算法的设计和运行虽然在一定程度上模拟着人类的思维方式，但很难模拟人类的潜在情感和心理状态。而这些在执法机关查处垄断协议案件时都是很重要的因素。①

在一定程度上，算法的设计者和使用者也许知道的是，经营者使用智能算法后可能产生的后果包括市场的透明度可能会大幅提升\共谋的风险也可能会大幅增加等。然而，要求算法的设计者和使用者事先就预测到，使用智能算法的行为所产生的后果会达到一种什么样的程度，比如说，对市场竞争的限制会不会达到违法的程度，他们却是无法做到的。因此，就很难说，对于算法所实施的反竞争行为，算法的设计者和使用者是具有主观上的意图。反过来，如果试图通过对经营者的主观态度进行区分，来判断经营者对于智能算法所导致的共谋行为是否负有法律责任的话，那么，如何对市场经营者的主观方面进行取证、举证和固定证据，可能都会是反垄断监管机构需要面临的挑战。②

---

① 参见：周围，算法共谋的反垄断法规制，《法学》2020年第1期第40—59页。
② 参见：柳欣玥，垄断协议规制中算法合谋分类研究，《竞争政策研究》2019年第5期第10—41页。

CHAPTER VII

第七章
算法共谋的监管与治理

我们在前面四章中分别讨论了四种类型的算法共谋对反垄断监管所提出的挑战。这些问题存在着共性：一是关于共谋意图与横向垄断协议的证明，二是潜在的法律责任的认定。在这一章里，我们将讨论算法共谋的监管问题。我们将从算法的逻辑出发，讨论算法的治理问题，对算法应当如何监管，然后针对不同类型的算法共谋，提出分类监管对策，最后提出针对算法共谋问题的综合监管措施。

监管还是放手，人们面临权衡

面对算法共谋问题，是监管还是放手，我们面临着一个权衡的问题。在规制经济学看来，有关监管的担忧在于如何为被监管者提供激励，同时又如何防止监管机构被被监管者俘虏。人们对于监管机制的设计进行了卓有成效的讨论，其中集大成者当推拉丰和梯诺尔等人。在弥补市场失灵的前提下，政府监管要保证市场的效率，就必须给被监管的市场主体提供相应的激励，那么，监管政策或监管工具就必须满足参与约束和激励相容约束。参与约束要求市场主体愿意服从政府的监管，激励相容约束要求市场主体的行为必须按照监管政策的设计思路来进行。但是，这种激励监管的最大问题就是，政府监管的本来意图是要弥补市场失灵，如弥补信息不对称，但是监管本身也存在着严重的信息不对称，监管者不可能完全掌握被监管对象的生产成本与技术等信息。另一方面，经验和理论上都有证明，经济上的监管措施容易引起特殊利益集团的游说行为，很容易产生俘虏监管现象。而且，作为对政府监管的替代，如果是由政府来研发算法并以此为产品和服务定价，那么，相伴而生的寻租行为，有可能会加重社会成本。监管者可能无法充分掌握市场，也不能客观预测市场动态。除了信息不完全和监管俘虏问题，政治的短视与公众问责的缺失，都有可能使政府在采取反垄断行动时表现得不尽如人意，因为，政府无须像私人企业那样承担所有错误行动带来的后果。

在监管领域，完全不同于私人问题。在私人企业的经营过程中，委托代理和机制设计都可能得到较好的运用。因为，委托人要承担对代理人类型判断失误的代价。例如，一个企业所有者经过考核，聘请一个经理人担任总经理，来管理自己的企业，但实践证明，这个经理人的能力不足以把他的企业经营好，并造成企业的亏损，谁来承担这一代价？显然是这个企业的所有者自己来承担。但在监管领域，作为监管者的委托人，它不会为自己的监管失误负责，承担后果的可能是第三方，如消费者。

算法的逻辑与算法治理

人类进入数字经济时代以来，算法，作为一种全新的技术工具，已经得到较广泛的应用。人们可以在相应的产品与服务之中嵌入算法技术，借助算法的强大功能，实现自动收集数据、自动进行数据分析，甚至是自动进行决策。这样，利用算法高度自动化的属性，使得市场经营者依靠传统人工进行经营的时间成本减轻了。然而，可能有一点是需要明确的，就是在应用算法的过程中，算法所呈现出来的是一种什么样的形态。在这一过程中，算法程序可能不仅仅表现为一种单纯的系统性逻辑规则、数据结构与数学模型，也不仅仅是一个自动实现特定目标的决策系统，更多的时候，算法可能体现为是一个包含了人的因素的技术系统。因为，在算法程序中，既包含了机器的自动化因素，也包含了人的价值因素。比如，自主学习算法的形成与运行，就至少包含两个阶段，第一个阶段是算法模型的训练，第二个阶段是算法模型的应用。其中，训练阶段主要环节包括数据的输入、数据的分析与模型的优化学习，以及结果的输出。先看输入环节：在这个环节中，在基本问题已经明确的前提下，主要是收集与整理相关数据，并对数据进行清洗与归类。再看学习环节：在输入的基础上，这个环节主要是对输入的数据进行训练，并以此对模型的性能进行训练。最后是输出环节：对于模型最终输出的结果，需要对结果的准确性进行评估，以确保输出结果能够达到为算法程序设定的预期计算与决策目标。

由此，无论是从算法的技术逻辑角度，还是从算法模型的训练过程的角度，我们都可以看出，尽管算法程序中已经具备了自动化的机器因素，但是在算法的开发与运行过程中依然嵌入了人的价值因素。正因为如此，我们可以说，算法程序中体现了机器因素与人的因素的二维价值结构。这也就意味着，算法技术并不是完全中立的。再者，我们知道，无论是弱人工智能，还是强人工智能，算法都或多或少地具备了自动实现特定目标的计算功能。这同样意味着，一方面算法会对人的价值空间进行部分替代，另一方面算法也会对人的决策主体性做出部分侵占。算法技术的这种非中立性,会导致在算法的开发、运行,以及在算法决策过程中,都可能出现一系列技术异化现象。首先,算法技术的这种异化现象,表现在算法程序对人的独立性与自主性的侵蚀上。刚才说到,在开发算法程序的前端输入环节,算法就严重依赖于数据的有效性。而具备自动学习、自动判断以及自动分析能力的算法,实质上也就具备了人的部分能力。人作为传统决策主体,即使不对输入环节或者运行过程中的数据结构与数据类型进行干预,算法依然能够自动地抓取数据、对数据进行分析,并对相关因素进行预测。从这个意义上来讲,人的主体性受到了削弱。其次,算法技术的这种异化现象,体现为算法对决策系统原则的破坏。大家知道,在传统决策系统中,决策方案的筛选与评判,是以人的理性原则或者满意原则为基础进行的。而算法的决策原则在一定程度上却相对难以观测。算法运行过程中所表现出的非透明性,直接改变了传统决策系统的决策原则。再次,算法技术的这种异化现象,还体现为算法高度的社会嵌入属性所带来的一系列问题。[①]这种技术异化所导致的社会问题,包括算法歧视、算法共谋、算法霸权与算法黑箱。

以排序算法为例,算法非中立的原因是:首先,如果按照竞争中立的原则,那么,智能算法对于不同商品的排序就应当不存在特别的偏好。但是,排序的过程本身包含了对数据的处理,而这些数据,是以消费者提交的搜索关键词为中心而收集起来的。排序过程本身也是智能算法实现作用与发挥功能的一个过程。可以说,智能算法天生就

---

① 参见:阳镇、陈劲,算法治理:成为责任型数智企业,《清华管理评论》2021年第4期第85—94页。

带有非中立的基因。随着电子商务的发展，线上存在大量的商品数据，如果想要通过人工筛选的方式对这些数据进行处理，任何一个消费者都是做不到的。通过算法对这些数据进行筛选和处理之后，所形成的结果又必然要进行排序，而排序的结果又必须以某种方式呈现出来。但是，显示界面是有限的，显示界面中的显著位置就必然会成为一种稀缺资源。其次，即便是从技术上看，智能算法也难以保证中立。在本质上，智能算法对商品数据进行排序，首先就需要处理相关商品的数据，而处理过程是根据算法程序中预设逻辑和标准来进行的。这样，在实际使用中，这种技术本身就无法保持中立。再次，非中立的排序本身可能就意味着创新。在算法竞争中，可以带来竞争优势。如一个会优先显示包含优惠的航班的算法，与一个完全中立的航班排序，前者肯定会更受消费者欢迎。[1]

因此，针对算法共谋的监管与治理，首先就需要对算法技术进行治理。而对算法的治理，我们认为可以从两个层面着手。第一个层面，是设计一种制度框架，为开发与运用算法技术的研发团队建立一套责任型技术创新制度。如果要充分考虑到算法技术在设计、开发与运用过程中，有可能出现的潜在的负面效果，那么，这套制度至少应包括算法应当具备标准化的系列技术参数，并尽可能地进行披露；对算法决策的可能导致的社会风险进行评估。这样，在算法的开发与运用过程中，就能够最大限度地予以规避由于技术团队的潜在的机会主义所带来的算法的技术异化问题。

---

[1] 参见：戚聿东、蔡呈伟、张兴刚，数字平台智能算法的反竞争效应研究，《山东大学学报（哲学社会科学版）》2021年第2期第76—86页。

第二个层面，是建立一种事前监管框架。算法的隐蔽性特征，使得算法的可问责性成为反垄断监管中所关注的重点问题之一。对于算法的治理，我们可以通过建立一种事前的监管制度来弥补事后监管的滞后性，并以此来辅助反垄断监管机构实施事后监管程序。例如，2017年，美国计算力学协会发布了一份名为《关于算法透明度和责任制的声明》的文件，目的是希望最大限度降低算法的潜在危害，同时，又能实现算法决策对市场的利好作用。这实际上就是一份对算法的事前监管文件。在这个声明中，计算力学协会确立了对算法的事前监管原则，其重点就是要求算法的设计者和使用者，在事前有义务披露相关事务并分割责任。这样，在算法共谋行为还没有发生之前，就对算法的设计者和算法的使用者提出了要求。这种方式，既可以缓解监管者与被监管者之间的信息不对称问题，也可以部分缓解监管者与被监管者之间的技术能力不均衡问题。所谓的对算法的事前监管，其实质可能就在于，把算法独立进行决策所产生的行为结果，与算法的设计者，甚至是算法的使用者，关联起来，在此基础上，监管机构就可以进一步要求相关主体对算法共谋的行为负责。①

首先，在设计算法时，可以对算法的设计者提出要求。要求他们在算法程序中植入竞争中立的观念。一方面，可以要求算法的设计者，在设计算法时，要确保算法程序中不存在限制竞争的倾向，或者是要确保算法程序中不存在潜在的排除竞争、实施共谋的倾向。至于具体的操作方式，我们可以通过算法黑名单的方式，禁止设计和开发

---

① 转引自：谢栩楠，算法合谋反垄断规制的原理、挑战与应对，《深圳社会科学》2021年3月第2期第107—118页。

那些明显具有较大的排除限制竞争风险的辅助型算法。比如，对于那些定向制定高于竞争水平价格决策的算法，或者那些有意与其他经营者在限定范围内交换竞争敏感数据的算法，都应当禁止对它们的设计与开发。另一方面，可以要求算法的设计者在算法设计时，要确保在算法程序中体现反垄断法的原则性要求，或者要确保算法程序体现针对算法共谋的具体要求。这样，在算法的设计与开发阶段，就在算法程序中设置了算法的决策红线，从而尽可能地避免后期算法在谋求利益最大化的过程中，做出不当的谋求垄断利益的决策。

其次，在使用算法时，也可以对算法的使用者提出要求。要求他们对算法运行的程序性内容与算法的决策结果进行备案。算法具有的大数据和高频交互的特点，给监管机构监管算法共谋的工作带来巨大的作业量。因此，可以要求算法的使用者，在他们使用算法的过程中，定时记录算法程序的运行情况、相关数据，以及算法所做出的决策，同时要求算法的使用者对以上情况做出合理的解释。这种要求，是很有必要的。

在确立了上述两类事前的义务性规范之后，监管机构对算法共谋的事后追责，就具备了某种前提：算法共谋行为的产生，如果是由于在设计过程中就有意在算法程序中添加了共谋性设计所导致的，或者是由于算法程序忽视了对垄断性决策的必要禁止所导致的，那么，在算法共谋行为发生之后，算法的设计者就应当承担相应的法律责任。算法共谋行为的产生，如果是由于使用者在使用算法的过程中发出了共谋指令所导致的，或者是使用者利用有倾向性的数据诱导算法做出共谋决策所导致的，那么，算法的使用者就应当基于算法的运行记录，有必要对算法的决策过程与结果进行有效的解释。否则，算法的使用者就应当对算法的共谋决策承担法律责任。在这样的责任原则下，责任承担的主体，就不是算法，这也就避免了有关争议。责任的承担主体是造成了重大风险，而且是最有可能有效抑制风险的行为人，对于这一点，应该是没有争议的。在算法共谋的形成过程中，算法的设计者与算法的使用者，都是直接接触算法程序的主体，对于算法的运行和决策，他们也都有一定的能力做出干预。这样，在算法共谋的情形中，通过事前的监管规范，可以明确各类主体的事前义务。最终，不论算法共谋以哪种形式出现，凡是没有充分履行自身的责任或预防义务的行为人，在针对算法共谋的反垄断监管中，都应当成为责任主体。

此外，还应当从技术上构建算法审查制度。所谓算法审查制度，就是要判定一种算法，尤其是定价算法，是否应该被禁止。这种审查制度一般可以通过三个步骤。第一步，将不同的算法在不同的市场环境中进行模拟，观察什么时候会出现共谋的结果或者竞争的结果，以及在什么样的市场里更容易出现这种结果。第二步，在第一阶段的基础上，把应该被禁止的算法所具有的某些特征进行提炼，因为如果在运行中达成共谋的话，算法肯定会显示出某些特征。第三步，模拟检验，在部分算法被禁止以后，市场中的反竞争行为是否因此而减少了。[①] 当然，事前的审查，可以不仅仅局限于对算法本身。为了防止算法共谋的发生，事前的审查，也可以对共谋相关的市场环境因素进行测试和监管。

---

① 参见：Harrington, J. E., 2019, Developing Competition Law for Collusion by Autonomous Artificial Agents, Journal of Competition Law & Economics 14（3）：331-363.

算法与市场监管

随着计算方法越来越复杂，算法治理的问题就出现了。接下来我们要讨论的是，应对现有的关切，相关政策是否足够了；或者，某种形式的监管干预是否需要。

我们首先说明算法可能给社会带来的一般风险，而市场的自我修复机制无法防患这种风险，从而导致市场失灵，这为市场监管提供了依据。然后，我们将提出一些有效的监管方式，以消除算法对市场竞争和创新所带来的风险。最后，讨论的是避免算法导致共谋后果的特定目标，设计市场监管时面临的挑战。

监管算法的依据

为什么要对数字经济进行监管，也许至少部分理由是数字市场上少数巨头的增长，包括世界上最大的公司，互联网巨头负责提供多边信息产品，如操作系统、搜索引擎、邮件与消息、电子地图、电子图书等。反过来，这些服务所附加的价值，就部分取决于算法的开发，而这种算法又应用到多个终端，如动态定价、数据挖掘、结果排序、用户匹配、广告目标等，在提升市场效率的同时，也有可能产生妨碍市场竞争的结果。

互联网巨头们既带给社会高质量的在线服务、创新的技术，也引起了公众的关注，监管者以及政策制定者必然要对公众的关注做出相应的回应。因为由算法促成的这个世界的信息组织，在某种程度上是由少数市场主体的自动系统所控制的。

为什么要对算法进行监管,就是由于算法既存在风险,也存在市场失灵。

算法选择的风险

除了共谋的风险之外,算法还可能带来其他一些风险。

算法能够决定在线用户阅读什么新闻、能够决定他们可以接触的多媒体内容、他们可以购买什么样的产品。算法使用自动计算机系统来组织和选择相关信息,即算法选择。如果这种决策与预测是由机器决定的,显然会比由人来决定更有效、更准确、更有针对性。但有些风险,如算法作为市场力量被滥用的可能性,对竞争有直接的影响;而另一些风险,如信息偏见、市场操纵,则可能通过对新进入者创造障碍、降低创新激励,从而间接影响竞争。

一般来说,算法选择所带来的这些风险包括:

市场力量的滥用。算法可能被设计用来有助于反竞争的行为,如歧视、排斥交易等滥用市场支配地位的行为,例如,搜索引擎操纵搜索结果以使竞争对手失去优势、在互联网市场上通过算法合作来固定价格。

偏见。根据网上用户的偏好过滤信息,导致信息偏见。如搜索引擎为线上用户只提供用户自己偏好或相信的新闻、向以前购买过的客户推荐类似内容的图书或电影。

操纵。操纵算法根据商业或政治利益来选择信息,而不是根据质量来选择信息。如在互联网市场上重复交易来操纵反馈及影响排名。

隐私权。自动系统可能过度收集用户的个人数据,甚至与第三方分享这些数据,侵犯用户的个人隐私。如将用户的地址信息用于第三方以便它们更好地投放广告。①

市场失灵

正是由于算法存在上述风险，导致了人们对于算法是否需要某种形式的监管干预的关注。按照传统的监管理论，政府的市场监管是对市场失灵做出的回应。那么，在数字市场上，尤其是在算法应用下，是否存在着市场失灵呢？我们认为，算法的运用过程中至少存在着三方面的市场失灵。

一是由于算法缺乏透明度导致信息不对称

在设计与运行过程中，算法缺乏透明度，这一状况至少使得消费者在竞争性产品中进行选择的能力受到一定的限制。算法作为一种技术，也是企业技术创新的结果，它的设计原理与运行过程一般是不可能公开的。相应地，监管执法机构在确保这种自动化的系统是否遵循了现有的监管政策方面，也可能缺乏必要的信息。算法的透明度的缺失，是由于多数算法属于企业的商业秘密。即使企业向监管者公开或分享它们的秘密，算法的复杂程序编码也很难翻译，一般公众与监管机构也难以理解。当算法的产出高度依赖于个体的特性时，对算法的效果也很难做出评估。

二是数据驱动的进入壁垒

要开发出一个适用的预测算法，需要具备综合性的资源，比如，先进的数据挖掘技术、先进的机器学习软件，以及先进的基础设施，如数据中心。而这些资源的投资受制于规模经济。算法发现行为的新

---

① 参见：OECD，2017，Algorithms and Collusion: Competition Policy in the Digital Age，www.oecd.org/competition/algorithms-collusion-competition-policy-in-the-digital-age.htm.

的关系和新的模式的能力，同样需要接入从不同的渠道收集的数据，这又会导致范围经济。例如，欧洲议会就确立了将中立和信任作为数据治理的核心原则，以促进整个欧盟间的数据共享。这样，对于一般的小型企业来说，由于缺乏必要的资源，就必然面临进入壁垒，同时也抑制了他们对算法的开发。

三是与信息和知识相关的溢出效应

信息和知识的溢出效应，静态效率可能是最优的，但不利于人类的创造性和创新。传统上，对于一般的技术创新，我们可以采用专利技术与知识产权保护等方式，将创新的正外部性内部化。但是，算法如何将这种溢出效应内部化呢？算法的设计与开发可能比较好把握，纯粹是一个技术创新的问题。而算法运行的基础是基于大数据。例如，消费数据是消费者在消费过程中提供的，企业将这些数据加工开发之后可以获利，那么，作为生产要素的数据的价值应当如何确定，数据要素又应当如何参与分配呢？目前好像还没有一致的看法。知识与多维方法可能对人类创新过程产生重大的影响。

可能的监管干预

认识到算法在组织和加工信息过程中的作用，学术界和政策制定者们都在讨论可以用什么样的方式来监管算法。主要的讨论在于治理算法的制度选择、监管方式的选择，以及如果过度监管可能带来的风险。[①]

[①] OECD, 2017, Algorithms and Collusion: Competition Policy in the Digital Age, www.oecd.org/competition/algorithms-collusion-competition-policy-in-the-digital-age.htm.

治理算法的制度选择

算法的治理可以在市场的解决方案与政府监管之间进行选择，当然，每一种选择都有一定的局限性。

一种方式是供给和需求侧的市场解决方案。从供给侧来说，从不同角度提供更好的算法，比如，通过使用机器学习来降低偏见，或者避免算法从事操纵。从需求侧来说，消费者采取行动，比如，拒绝使用特定服务，或依赖先进技术来保护自己以避免算法的风险。

当然，市场失灵也可以有其他的替代解决方案，如自我组织，公司为了改进声誉而承诺好的原则与标准，自我规制、合作规制和政府规制。在这一长串的治理选择中，许多监管方法被提出，包括信息评估、搜索中立原则、数据保护认证等。

在政府干预这个选项下，也有人提出建立一个新的制度来治理数字经济。创建一个全球数字监管者，作为一个独立的机构，对互联网和数据监管方面进行协调与监督。也就是说，为了对付算法和人工智能方面的风险，有人建议建立一个新的人工智能监管机制。

欧盟似乎对于建立统一的监管机制一直有一种偏好。以前就有建立统一的监管机构的实践。

在采取行动之前，监管者应当意识到这样的风险，过度的监管干预也会导致新的进入壁垒，同时降低企业投资于算法的激励。政府应评估对市场进行监管可能对竞争造成的影响。

算法透明度与责任的评估

近年关于算法监管干预的讨论，主要集中于使算法更透明，让算法对其后果负责。在美国计算机协会公共政策委员会发布的声明中，就建议建立一套算法透明和责任的原则，试图将算法决策的危害最小化。委员会认为，在设计、实施和使用算法程序的过程中，算法的设计者和使用者应当意识到算法程序中可能存在的偏见，以及算法运行的潜在危害，这些偏见和危害，最终可能会施加于个人或社会。应当建立一种制度，为算法作出的决策承担责任。模型、算法、数据以及决策应当被记录下来，以便审计。欧盟竞争委员会专员Margrerhe Vestager就曾指出，企业有义务在设计算法时遵循数据保护和反托拉斯法律。德国前总理默克尔也曾呼吁脸书和谷歌公开其算法。[①]

但是，鼓励算法透明和责任，在实践中可能面临挑战。机器自主学习的算法决策中的黑箱更是如此。监管是否是最佳选择，评估与监管算法，以便确保算法的透明和责任，可能是一项艰巨的任务。如果多个机构涉及其中，监管的协调问题以及监管目标的冲突都可能存在。监管数字经济的另一个主要困难是，在线企业都是在现有法律下运营的，如隐私法、透明法律、数据保护、知识产权、消费者保护和竞争法。这就需要在不同的政策领域之下进行监管干预。

防止算法共谋的监管

现在还不清楚为了防止机器学习算法自动达成默示共谋，能不能创立某种监管，至少目前还没有关于这种虚拟共谋的现实案例。这等于是要创立一种监管，来防止某种行为的负面影响，而这种行为目前

---

① OECD, 2017, Algorithms and Collusion: Competition Policy in the Digital Age, www.oecd.org/competition/algorithms-collusion-competition-policy-in-the-digital-age.htm.

还没有被观察到。这是一件很困难的事情。

考虑到机器学习算法引致的共谋很难被观察到，以及数字市场的快速发展，在未来这种共谋一旦成为事实，几种形式的监管仍然是可以考虑的。

价格监管

考虑到算法可能导致一种反竞争的价格，政策制定者可以引入最高限价监管。价格监管不仅降低了创新的激励，或提供高质量产品的激励，而且实际上可能够导致更高的价格，在数字市场上创造一个共谋的聚点。

使默示共谋的稳定性削弱的政策

政策制定者可以制定改变数字市场结构特征的政策，促使这种市场结构不便于共谋，比如，为了市场透明度降低，可以对线上公开的信息进行限制；为了降低数字市场上的交易频率，可以增加价格调整时滞。当然，这些政策也会导致对竞争的限制，因为消费者可获得的信息减少了，企业快速调整价格以匹配需求与供给的速度被降下来了。

算法设计规则

政策制定者可以最终考虑建立限制算法设计方式的规则。比如，可以要求算法忽略单个企业的价格变化，只考虑整个行业的平均价格。但这种方式仍然会限制企业开发创新算法的能力。

算法共谋的分类监管与治理

近年来，人们对于算法共谋的反垄断监管，做出了大量而卓有成效的讨论，主要的文献集中于以下几方面。

一是关于算法共谋的综合性讨论。如2017年，经济合作与发展组织（OECD）就发布了一份名为《算法与共谋：数字时代的竞争政策》的报告。这一报告对算法共谋问题从经济学和法学的角度展开了较全面的讨论[①]。韩伟对这一报告做了较详细的介绍与评论。同一年，韩伟主编了一本文集，对数字市场中的竞争政策展开了专题讨论[②]。2018年，中信出版集团出版了英美学者合著的《算法的陷阱》一书，书中详细讨论了算法共谋的类型、算法定价（算法价格歧视）的机理与效应、市场的竞合关系，以及政府的监管工具选择等，[③]对国内的相关研究产生了重要影响。

此后，国内学者主要从反垄断路径选择的角度，对算法共谋问题展开研究，也有个别文章讨论了特定类型的算法共谋，如默示共谋的反垄断问题。

二是关于算法共谋的反垄断规制困境的研究。算法改变了共谋的环境，同时也作为一种合谋工具，直接被应用到共谋过程中。[④]商务部世界贸易组织司的柳欣玥界定了算法共谋行为的主要特征。在分析了反垄断规制算法共谋行为的必要性之后，提出了反垄断规制算法共谋的思路，并分别讨论了预设代理型算法共谋、中心辐射型算法共谋

---

① 参见：OECD，2017，Algorithms and Collusion: Competition Policy in the Digital Age，www.oecd.org/competition/algorithms-collusion-competition-policy-in-the-digital-age.htm。
② 参见：韩伟，《数字市场竞争政策研究》，北京：法律出版社2017年。
③ 参见：（英）阿里尔·扎拉奇和（美）莫里斯·E.斯图克合著，余潇译，《算法的陷阱：超级平台、算法垄断与场景欺骗》，北京：中信出版社2018年。
④ 参见：陈永伟，人工智能算法合谋的挑战，《互联网经济》，2019年第4期第42—47页。

和自我达成型算法共谋的反垄断规制问题。① 多数文献主要侧重于探讨反垄断法规制算法共谋的困境，这些困境主要表现在：共谋的主体要件难以认定；共谋的客观要件难以证明；共谋的损害后果难以判断；要明确共谋的责任范围，在当前的技术条件下难以企及；在人工智能环境下，算法本身就具有强大的自主学习能力，要使得算法与它的设计者或使用者的目标保持一致，就很难做到。或者是垄断协议难以认定、主观意图难以认定、责任承担难以认定、社会效果难以认定，等等。算法共谋引发的规制难题还包括算法本身导致的问题，如算法歧视导致用户陷入保护困境、算法精准推送加剧信息茧房效应、算法数据抓取易泄露个人信息、算法自动化决策扩散权益损害风险，等等。②

南开大学法学院的陈兵教授从算法黑箱到算法分层及对应的规制法体系的角度，讨论了算法共谋引致反垄断法实施的新挑战，也讨论了算法歧视（价格歧视）问题。③

三是对特定类型的算法共谋的研究。国内文献中，关于算法共谋的类型划分，大都遵循扎拉奇和斯图克对算法共谋的分类。对特定类型的算法共谋，如默示共谋，有较多的专门研究。如中国政法大学时建中教授引入了共同市场支配地位制度讨论默示共谋，因为算法简化了共同市

---

① 参见：柳欣月，垄断协议规制中算法合谋分类研究，《竞争政策研究》2019年第5期第10—41页。

② 如，许灿英，算法合谋反竞争问题初探，《合肥工业大学学报（社会科学版）》，2019年4月第2期第61—66页。谭书卿，算法共谋法律规制的理论证成和路径探索，《中国价格监管与反垄断》，2020年第3期第24—30页。吴太轩，谭娜娜，算法默示合谋反垄断规制困境及其对策，《竞争政策研究》2020年第6期第63—74页。

③ 参见：陈兵，法治条件下规制算法运行面临的挑战与对应，《学术论坛》2020年第1期第11—21页。

场支配地位的构成要件,因此将共同市场支配地位制度拓展适用于默示共谋具有可行性,从而可以破解认定垄断协议在证明要求上的障碍。①

而对于定价算法,施春风认为,定价算法既可以达到有效地促进竞争的效果,但也有潜在的反竞争效果,如价格歧视、算法共谋,他也讨论了算法共谋的认定难点,以及价格歧视的认定难点。②Oxera经济理事会的报告,从理论上对算法定价是如何影响竞争的,进行了较全面的讨论,并提出了算法定价的监管问题。③

四是关于如何规制算法共谋的探讨。如何规制算法共谋,文献中也提出了很多不同的观点,如殷继国等人分别从基本价值权衡、意思联络认定、反垄断执法机构的规制技术、算法共谋经营者责任归属和分配等角度展开了讨论,并从算法开发合规、过程监管、结构规制三方面提出构建多元规制体系。④中国社会科学院大学的韩伟较全面地介绍了域外主要反垄断辖区应对数字经济的做法,并提出了应对数字经济修订法律时需要关注的问题,如竞争要求、数据和算法等。⑤王健和吴宗泽提出了事前预防与监管问题。⑥由于算法不受市场集中度

---

① 参见:时建中,共同市场支配地位制度拓展适用于默示共谋研究,《中国法学》2020年第2期第89—107页。

② 参见:施春风,定价算法在网络交易中的反垄断法律规制,《河北法学》2008年第11期第111—119页。

③ 参见:Oxera economic council著,喻玲等译,当算法设定价格,谁输谁赢?,《竞争政策研究》2019年第5期第42—63页。

④ 参见:殷继国、沈鸿艺、岳子祺,人工智能时代算法共谋的规制困境及破解路径,《华南理工大学学报(社会科学版)》2020年7月第4期第33—41页。

⑤ 参见:韩伟,数字经济时代中国《反垄断法》的修订与完善,《竞争政策研究》,2018年第4期第51—62页。

⑥ 参见:王健、吴宗泽,自主学习型算法共谋的事前预防与监管。《深圳社会科学》2020年第2期147—158页。

限制，可以利用市场透明度突破传统共谋的形式，从而达成共谋，因而也有人主张从主观意图的认定，共谋垄断协议的认定，界定规制边界。① 基于算法辅助共谋的反垄断规制实践，学者们提出了应对算法共谋的法律路径，尤其是针对自主学习型算法共谋，提出了算法应用的负面清单制度。② 也有学者对此提出应当实行算法审查制度。③

在数字化的环境下，对消费者利益的保护问题同样应当受到重视。那些具有强大市场力量的经营者，借助先进的算法技术，很可能会以牺牲消费者的利益为代价，从事反竞争行为。对不同类型的算法共谋，应当有不同的监管路径。

信使类算法共谋的监管路径

在信使类算法共谋中，一般情况下，市场经营者事先已经达成了共谋的协议，算法只是经营者用来实施共谋的工具。所以，市场经营者仍然是从事共谋的行为的主体，这种共谋行为与传统的共谋行为本质上并没有什么不同。因此，监管信使类算法共谋，仍然可以依据传统的垄断协议监管理论。具体来说，监管信使类算法共谋的要点在于两方面。④

一是证明存在垄断协议，或者说，证明存在共谋行为。在我国

---

① 参见：李丹，算法共谋：边界的确定及其反垄断法规制，《广东财经大学学报》，2020年第2期第103—112页。

② 参见：周围，算法共谋的反垄断法规制，《法学》2020年第1期第40—59页。

③ 参见：谭书卿，2020，算法共谋法律规制的理论证成和路径探索，《中国价格监管与反垄断》，2020年第3期第24—30页。

④ 参见：刘佳，人工智能算法共谋的反垄断法规制，《河南大学学报（社会科学版）》2020年7月第4期第80—87页。

的《反垄断法》中，垄断协议是指排除、限制竞争的协议、决定或其他协同行为。这说明，从表现形式上来看，垄断协议可以是经营者之间的具体的共谋协议，也可以是经营者之间的共谋决定，或者是经营者之间具有一致性的协同行为。在信使类算法共谋中，经营者把监督式算法作为实施共谋的工具，他们之间可能并没有签订具体的垄断协议。这既增加了举证的难度，也使得共谋行为被发现的可能性降低。为此，要证明垄断协议的存在，监管部门可以采用反向推理的方式。也就是说，市场经营者在采用了算法之后，某种产品价格或服务价格就出现了一致性或趋同性，这种情况发生以后，监管机构可以从这种情况出发进行反向推理。如果只有在彼此协调的情况下，价格的一致或趋同才能不违反经营者实现自身利益最大化的目标，那么，监管部门就可以推定经营者从事了价格协同行为，构成了算法共谋，除非经营者能够提供相反的证据。换句话说，在判断经营者之间是否存在信使类算法共谋时，我们可以进行逆向思考。我们在前面讨论过，在算法共谋的情况下，参与共谋的经营者基本上不会存在背离协议的动机。在相关市场上，如果有多个经营者采用了包含触发战略的算法从而引起了价格战，那么，监管部门就基本上可以做出判断，经营者之间并不存在共谋的行为；即使经营者之间存在共谋的意图，监管机构也基本可以认定，经营者的共谋意图并没有得到有效实施。反过来说，如果经营者之间的价格是趋同的，但是，没有证据能够证明经营者之间可能发生价格战，那么，监管机构也就可以推定，在经营者之间已经发生了信使类算法共谋行为。

二是认定共谋行为违法。算法共谋行为即使存在，也并不必然就一定是反垄断法所禁止的行为，必须能够证明共谋行为是不利于市场竞争的。按照传统的竞争政策理论，共谋行为违法的判断标准是这种算法共谋行为在市场上产生了排除和限制竞争的后果。这就要求监管机构能够对经营者利用定价算法的行为对市场竞争所产生的效果进行考察和评估。比如，可以从以下几方面进行评估与考量：经营者使用定价算法之后，在相关市场上是否促进了竞争？是否提高了市场的进入壁垒？是否有利于经营者改进产品或服务？对行业的科学技术的进步是否有促进作用？消费者能否公平分享由此产生的利益？经营者是否可以持续地提高产品价格从而获取垄断利润？等等。基于以上几方面的评估，以合理原则，监管部门可以确定哪些信使类算法共谋行为是合理的，应当予以豁免；哪些信使类算法共谋行为是违法的，应当予以禁止。

中心辐射类算法共谋的监管路径

从形式上来讲，中心辐射类算法共谋与传统的轴辐类垄断协议是类似的。比如，上游市场上的某个生产商，与它的下游市场上的多个经销商分别达成多个纵向的价格协议。这种纵向协议，最终可能在多个经销商之间形成横向的垄断协议，导致价格的一致或趋同性，这既会影响到市场上的横向竞争，也会影响到消费者的利益。同样地，在中心辐射类算法共谋中，实际上也存在着多个纵向共谋和一个横向共谋。纵向共谋不一定是违法的，但横向共谋是违法的，至少，到目前为止，理论上还没有能够证明横向共谋是有利于市场竞争的。仅仅证明有纵向协议而无法证明存在横向共谋，并不必然引起反垄断法的禁止。因此，证明横向共谋的存在，就成为对中心辐射类算法共谋进行反垄断监管时的核心。在对中心辐射类算法共谋进行监管的时候，监管机构需要重点考虑的就是要证明横向共谋的存在和对横向垄断协议的认定。

中心辐射类算法共谋被反垄断法禁止的原因在于横向共谋,而非纵向共谋。因此,证明存在横向共谋是监管的前提。纵向共谋仅仅是上游的产品生产商与下游的经销商之间或上游的服务提供商与下游的代理商之间,对产品或服务的价格进行协调。这种协调行为,对于产出的扩大或服务质量的提高,可能还不足以产生影响;同样,对于同类产品或服务在相关市场上的竞争,也不太可能会完全消除;而且,对于消费者的需求转向,也不一定会受到影响,消费者的利益也不一定会受到损害。然而,与纵向共谋相比,横向共谋则不同。在已经存在纵向共谋的基础上,如果下游的产品或服务的经销商之间还达成了横向共谋的话,那么,这一品牌的产品生产商或服务提供商,就有可能在市场上获得某种竞争优势,使得他们可以具备提高价格而获取垄断利润的能力。面对这种情况,消费者可能别无选择,他们的需求转向也无法得到满足,导致消费者的利益受到损害。因此,证明横向共谋的存在,就成为监管机构监管中心辐射类算法共谋的一个前提。

在中心辐射类算法共谋中,认定横向共谋的难点就在于如何认定横向共谋协议。在传统共谋中,市场经营者可以通过明确的协议或合同,来达成明示的共谋。这种情况在中心辐射类算法共谋中,基本不可能发生,因为算法的一个重要特征就是隐蔽性强。因此,监管机构应当以默示共谋为基础,来判定横向共谋协议。即使在市场经营者之间并不存在明确的共谋协议,也没有明确的意思联络,但是,市场经营者之间只要存在价格上的协同行为,监管机构就应当对价格协同行为所产生的市场竞争效果进行分析。结合市场支配地位,如果横向的价格协同行为产生了反竞争效果，就可以认定经营者之间存在横向的垄断协议。这可能涉及是否需要对垄断协议的界定进行扩展的问题。当然，在数字市场上，认定经营者的市场力量和支配地位所依据的指标，可能与传统经济中的市场份额标准会有所不同。在数字市场上，在认定市场支配地位时，很可能需要将用户数量、用户覆盖率或点击率等因素都纳入考量范围。

预测代理类算法共谋的监管路径

在预测代理类算法共谋的达成过程中，信号式算法表现出更强的自主性。在实践中，默示共谋是预测代理类算法共谋最常见的表现形态。在传统市场上，企业需要委托高级管理人员与别的企业进行价格谈判，这需要花费大量的时间、人力、物力等成本。而市场经营者通过设计和使用一套包含快速迭代程序的算法，不仅可以节省这些成本，而且还会使得共谋更具有隐蔽性。因为这种默示共谋是由于算法的自动价格跟随行为而达成的。信号式算法可以进行自发的价格跟随，这使得共谋的达成过程，可能并不受市场经营者的控制，当然，这一过程也就不可能存在明确的价格合同或垄断协议。甚至还可能出现这样一种情况，即使是共谋结构已经形成，但市场中的经营者和消费者都未感觉到。当然，这并不意味着，这能够成为预测代理类算法共谋逃避反垄断监管的理由。当市场经营者并不需要通过合同、协议等明确的方式，就可以对他们之间的价格进行协调，并可以由此获得超竞争利润时，就说明已经发生了默示共谋。默示共谋偏离了竞争性均衡，这种共谋对社会福利造成的损失，与卡特尔的情形是类似的。在传统的反垄断政策中，对共谋的监管关注的重点是明示共谋。而预测代理类算法共谋是以默示共谋为主的。因此，如何监管这类算法共谋，对传统的竞争政策理论就构成了挑战。建立在明示共谋基础上的传统共谋规制理论，可能无法直接适用于数字经济背景下的预测代理类算法共谋，然而，我们仍然可以遵循传统共谋规制理论的内在分析逻辑。在讨论如何对预测代理类算法共谋进行反垄断监管的时候，我们也可以从两方面进行讨论。

一是证明默示共谋的存在。在预测代理类算法共谋场景中，我们可以把信号式算法看作市场经营者发出的共谋要约的媒介。共谋要约为市场经营者提供了一个共谋的连接点。通过信号式算法，市场经营者在发出要约的过程中，他们会向市场发出一个信号，在未来某一个特定的时间对特定产品或服务进行涨价，而如果接收到共谋要约的其他经营者也存在共谋的意图，他们就会做出回应，在同一时间对特定产品或服务同步涨价。这一过程，同样是通过算法来实施。接下来，根据其他经营者的反应，发出共谋要约的经营者又会利用信号式算法进一步调整自己的价格。这个时候，如果其他经营者继续回应涨价，那么，就可以认定默示共谋已经达成。如果其他经营者没有给予回应，那么，发出共谋要约的经营者所使用的信号式算法，会自动地将他的产品或服务的价格调整到涨价行为前的水平。这个时候，就可以认定默示共谋并没有达成。

二是分析默示共谋行为所产生的市场竞争效果。判断预测代理类算法共谋是否违法，市场竞争效果是一个关键因素。如前所述，信号式算法的运用，会使得默示共谋更容易达成。另一方面，在数字市场上，产品的价格一直处于动态变化之中。因此，借助信号式算法来维持默示共谋，并不是一件很容易的事情。而在判定预测代理类算法共谋是否违法时，证明了默示共谋已经达成，可能还不足以说明这类算法共谋会受到反垄断法的禁止。反垄断监管机构还需要进一步证明，这种默示共谋不仅仅已经达成，而且还得以维持，并对市场的竞争产生了很大的消极影响。用法律术语来讲，首先要分析这种默示共谋是否存在排除和限制竞争的目的或效果，再来考察经营者是否存在抗辩理由。比如，这些抗辩的理由可能包括，通过运用算法的过程，市场经营者促进了算法开发技术的进步，提高了产品或服务质量等，消费者可以因此获益，他们的利益并没有受到损害。如果抗辩的理由不成立，就应当依据反垄断法对这一类算法共谋行为予以禁止；如果抗辩的理由成立，反垄断法对这类算法共谋行为可能就要考虑予以豁免。

自我达成型算法共谋的监管路径

目前，自我达成型算法共谋应该是强人工智能背景下算法共谋的一个最高形态。基于深度学习，同时借助强人工智能技术中先进的神经网络，自主学习型算法可以建立起自己的市场观，在不受人类控制的情况下，实现完全的自主学习和自主决策。这样，算法完全有可能在市场经营者之间自动达成共谋。目前，对于这一类算法共谋产生的具体过程及其结果，人类并不清楚。在自我达成型算法共谋的达成过程中，我们只是假设，首先，在设计和开发算法时，人类为计算机预设了一个目标，例如，这个目标可以是企业利润最大化，也可以是性能最优化等。然后，计算机算法直接启用自身先进的神经网络，自动对相关数据进行识别、处理，并做出判断。依据这一判断，计算机算法自动设计出解决问题的最优方案，并且，为了实现预设的目标，计算机自主运行。在这一过程中，虽然在设计算法的时候，人类可以为了约束算法，防止算法从事非法活动而设定一些禁止性的程序，例如，固定价格或划分市场。但是，对于计算机算法进行自主学习和实验，人类既无法参与，更无法禁止。这样一来，完全可能存在这样一种风险：通过自我学习和深度实验，计算机算法发现，实现利润最大化或性能最优化目标的最佳策略就是实施共谋行为。可以说，这类算法共谋的达成及其实施，既不是人类设计的直接结果，也不是经营者通过指令引导的结果，而是算法通过自我学习、自主决策而独立产生的结果。在目前阶段，要证明自我达成类算法共谋违法，也还没有确切的证据。在对自我达成类算法共谋进行反垄断监管分析时，可能就需要考虑以下两个问题：一方面，如何界定自我达成型算法共谋的责任主体？谁应当是自我达成型算法共谋的责任主体？在一个完全由算法自主达成的共谋场景中，是否可以将共谋的责任归咎于市场经营者或算法的设计者？另一方面，以什么样的标准对自我达成型算法共谋进行认定？同样地，以什么样的标准对自我达成型算法共谋的违法性进行判断？在这个过程中，如何适用传统的反垄断法理论？如果传统的反垄断法理论无法适用，又需要在哪些方面对竞争政策进行调整或创新？

在现实中，尽管人工智能技术还处在一个发展过程当中，目前也还没有出现自我达成型算法共谋的实例，但是，在对自我达成型算法共谋进行反垄断监管方面，倒是已经出现了很多理论上的探讨。目前，在对自我达成类算法共谋进行反垄断监管时，有一个先决性问题亟待解决。那就是，在人类不可知、不可控的情况下，算法自发形成了共谋，那么，这类共谋行为到底谁是责任主体。无论今后人工智能发展到何种阶段，算法都只能被看作人利用的客体和工具，将算法拟制为与人享有平等地位的法律主体，似乎还做不到。尽管有人认为，自我达成型算法共谋的责任主体依然是人类，是自主学习式算法的设计者和开发者。然而，问题是，对于算法的开发者来说，尽管他们在设计算法时，也可能预见到默示共谋是许多可能的结果之一，但这一可能的结果，也未必是最可能的结果；另一方面，智能算法可能会通过达成有意识的平行行为而独立地为企业优化盈利能力，但是，也可能不会。也就是说，在这类算法共谋的情形当中，算法的开发者未必就具有实施默示共谋的动机；即便是具有这样的动机，他们也不可能预测到，全行业使用智能算法的局面在什么时候会形成默示共谋，这种可能性有多大，这种共谋会持续多久。反过来说，算法的开发者和使用者也许并没有任何意图或企图去促进有意识的平行行为的发生，市场经营者也仅仅是依赖了人工智能而已。

至于自我达成型算法共谋的认定标准，以及对共谋的违法性的判断标准，尽管由于共谋过程是一个黑箱，人类对于这一运作过程并不太清楚，但是，共谋对市场竞争造成的影响却是可见的。因此，我们仍然可以适用反垄断法理论上的合理原则，考察与评估自我达成型算法共谋行为对市场竞争带来的正负效果。当然，有鉴于人工智能目前的发展程度，在对自我达成型算法共谋的反垄断法监管过程中，在监管机构的监管理念中，应当尽可能地体现对技术创新的保护，对发展人工智能技术的鼓励。在没有充分证据的情况下，认定自我达成类算法共谋违法，可能是不适宜的。

算法共谋的一般化监管与治理

从已有的研究来看,治理算法共谋的思路,大体可以分为四类。第一种思路是完全借助传统的监管政策来监管算法共谋。认为没有必要改变当前的竞争政策和监管政策,认为现有的监管政策已经足以应对算法及算法共谋问题。这显然不太现实,我们已经讨论了算法共谋的特殊性及其对反垄断监管可能带来的挑战。第二种思路是确立对算法的事前监管。一方面,通过对算法的审查,来确定算法的使用是否出于共谋的目的;另一方面,在算法的开发与设计过程中,赋予设计者和开发者相应的责任,同时为算法建立相应的标准。关于这一点,我们在前面已经讨论过。第三种思路是确立对算法共谋的事后监管。这就要求针对算法共谋,尤其是默示共谋,需要制定新的监管标准与创设新的监管工具。第四种思路是直接禁止定价算法。但是,由于算法技术所带来的效率是显而易见的,从而使得这一主张如果真要实行的话,缺乏相应的可行性。

我们认为,针对算法共谋的监管,一个总的原则应该是,在保证算法技术创新的潜力和动力不受到损害,与维护传统垄断协议监管的规范制度之间,需要达到某种平衡。数据驱动的竞争结构,要求反垄断执法保障数据的生产要素地位,高效的信息交互系统促成效率价值与其他价值的重新平衡。既在最大程度上保持算法的中立性,又尽可能规范算法的使用。针对算法共谋,应当建立事前的算法监管制度,以弥补事后反垄断监管的滞后性。应当针对算法默示共谋确立合法性标准。应当针对算法共谋构建一个多元监管体系。

重新衡量算法默示共谋行为的合法性标准

我们已经知道,在默示共谋的达成中,决策型算法发挥了显著的促进作用。这一点,使得学术界和实务界重新思考这样一个问题,在算法共谋领域,默示共谋行为的合法性基础是否依旧成立。从一定意义上来讲,默示共谋,或有意识的平行行为的合法性基础在于,市场竞争者针对市场的动态变化所采取的理性反应行为,本身并不是违法的。而从另一个角度来看,即使默示共谋是合法的,也并不意味着它是可取的。对反垄断监管机构来说,由算法主导的默示共谋所带来的最大挑战是,一方面,算法的使用提升了在经营者之间达成有意识的平行行为的效率;另一方面,因人脑算力的局限,传统的默示共谋仅发生于寡头垄断的市场范围,而现在,算法的使用突破了默示共谋发生的市场范围,从而带来了更大的超过竞争价格的风险。对于非寡头垄断市场,默示共谋原本只存在于理论研究中,因为在现实的市场中,价格不透明,经营者也难以及时收集全面的市场信息,进而与竞争者的价格进行匹配,或调整自己的价格,这些因素也阻碍了默示共谋的实施。然而,在大数据与决策算法的助力下,在非寡头市场环境中,默示共谋行为的达成,就具备了现实发生的可能性。这就意味着,原本仅仅存在于寡头市场的默示共谋的反价格竞争的风险,现在在所有现实存在的市场环境中都有可能出现。只要市场经营者所使用的算法具备了充分的算力和数据获取能力,在利润最大化的决策原则下,算法就可以帮助经营者共同实现价格水平的长期平衡,这种平衡,最终可能导致产品或服务价格的普遍提高,进而阻碍市场价格竞争,妨碍市场资源配置作用的发挥。这个时候,即便是经营者之间并不存在形式上的共谋合意，也难以成为算法默示共谋摆脱反垄断监管的充分理由。因此，现有反垄断政策针对默示共谋行为的制度缺陷，就需要进行弥补。

如果通过各类证据，我们能够证明，由算法导致的默示共谋行为已经造成了较为明显的排除和限制市场竞争的效果。对于这种行为，我们也能够利用反垄断政策对它进行规制，在这种情况下，我们或许可以对先前认定的默示共谋行为不违法的观念有所突破，同时对算法共谋案例中默示共谋的合法性进行重新探讨。当然，因为既然是默示共谋，它自然也就不存在共谋合意的形式要件，所以在判定算法默示共谋是否违法的过程中，就应当特别慎重。不仅需要证明默示共谋行为确实存在，还应当运用经济学的证据，证明市场中切实发生了普遍性的且显著的价格上涨情况，而且这种价格的上涨，并不是因为成本的同步提高而造成的。只有这样，才能认定算法共谋所导致的超竞争的价格水平是不合理的，进而再来确定存在默示共谋行为，这种行为也存在反竞争的效果。

构建针对算法共谋的多元监管体系

构建算法共谋的多元规制体系包括：一是算法开发上的合规性，制定行业准则，披露算法源代码；二是过程监管，破解算法共谋黑箱，以技术规制技术，定期报告算法运行情况，披露算法，开发消费者算法；三是结构规制，降低算法共谋的概率。[1]这样，我们可以在

---

[1] 参见：殷继国、沈鸿艺、岳子祺，人工智能时代算法共谋的规制困境及破解路径，《华南理工大学学报（社会科学版）》2020年7月第4期第33—41页。

三个维度上对算法的开发进行规范、对算法的使用过程进行监管、对容易产生算法共谋的市场结构进行规制，构建一个多元监管体系，以此来实现对算法共谋的全方位监管和全过程的监管。

规范算法，为算法的设计与开发建立合规标准

算法共谋行为发生之后，监管机构在收集证据方面存在较大的难度。而事前的监管则可以弥补事后监管的不足。所谓事前监管，就是在源头上进行引导，为算法的设计与开发建立合规性准则。比如说，可以在反垄断政策的监管框架下，对算法的设计与开发提出合规要求，并明确禁止算法设计和开发的领域。这样做，也有利于反垄断监管机构的监管工作。例如，监管机构要在事前对算法进行检测和评估，而有了明确的禁令之后，需要检测和评估的范围就可以缩小，监管机构的工作负荷也就相应地降低了。首先，为算法的设计与开发制定行业准则。与行业的监管部门合作，反垄断监管机构可以为算法的设计与开发制定出行业标准和自律规范，通过行业规范的形式来引导算法设计者与开发者。通过行业准则，一方面，使得算法的设计者和开发者能够有意识地避免编写那些有可能促进共谋的算法程序，以免自主学习算法自动实施算法共谋。另一方面，又使得他们设计与开发出来的算法，能够符合阿西莫夫"机器人学三法则"。① 至于行业准则的具体内容，可以参照国外有关行业组织的文件。比如说，监管者如

---

① 所谓机器人学三法则，通常是这样表述的：第一法则，不允许机器人伤害人类个体，也不允许机器人以不作为的方式使得人类个体受到伤害。第二法则，对于人类个体所下达的所有指令，机器人必须服从，除非人类的指令违反了第一法则。第三法则，在不违反第一法则或第二法则的范围内，机器人应当关注自己的安全。转引自：殷继国、沈鸿艺、岳子祺，人工智能时代算法共谋的规制困境及破解路径，《华南理工大学学报（社会科学版）》2020年7月第4期第33—41页。

果需要阻止计算机算法在市场经营者之间自动进行价格协调,那么,在算法的行业准则中就可以提出这样的要求:在编写算法程序时,不允许算法程序对达成价格协调所必需的市场变量做出反应。反过来,在算法的行业准则中,要求设计者编写出这样的算法程序:算法程序拒绝对最新的价格变化做出反应,或者,算法程序对个别经营者的价格变化予以忽略。当然,这样的解决方案也不一定是完美的,它也有它的局限:有可能会使得经营者开发与创新算法的积极性受到影响或限制。其次,监管机构可以要求算法的开发者对算法的源代码进行有条件的披露或公开。这样,监管机构可以依据源代码对算法进行反向检测,根据检测结果,监管机构可以制定算法的黑名单。算法黑箱以及算法共谋黑箱的存在,对反垄断监管机构的执法,在一定程度上造成了阻碍。只有在算法的源代码被披露的情况下,监管机构对算法进行检测才有技术上的可能,从而可以发现算法是否违反行业规范。如果检测中发现算法存在共谋倾向,就将此种算法列入黑名单,不批准其进入市场。

过程监管,破解算法共谋黑箱

首先,反垄断监管机构可以构建自动化监管系统。通过自动化系统,全面掌握算法的运行机制,同时,借助自动化系统,如果经营者有实施算法共谋的征兆,也可以及时发现,最终实现以技术监管技术。自动化监管系统是利用大数据技术等建立起来的。通过这种自动化监管系统,自动搜集算法运行状况的信息,自动获取相关证据,自动判断算法共谋行为是否即将发生,或是否已经发生。这样,监管机构借助技术,对算法的运行过程可以实行监管。利用这样一个系统,无论是对算法的透明性与算法之间的互动频率,还是对算法的运行原理以及对算法预测的准确度等,反垄断监管机构都可以做到心中有数。利用这样一个系统,监管机构也可以实时掌握算法驱动型的市场上出现的新动态,以及市场上可能存在的竞争问题。依据自动化系统监测的结果,监管机构可以相应地对算法和算法共谋行为采取有效的监管措施。其次,监管机构可以在相应的文件中做出规定,要求算法的使用者必须将算法的运行情况记录在案,也要求算法的使用者定期向监管机构报告算法的运行情况。通过对经营者提交的报告进行分析,反垄断监管机构可以从中获得一些基本的线索信息,如,经营者在使用算法的过程中,是否存在排除和限制竞争的意图和意思联络行为,这就可以为监管者提供监管算法共谋所需要的证据。要求和规定算法的使用者必须履行报告义务,监管机构还可以借此在算法的开发者与算法的使用者之间培养竞争意识。再次,监管机构还可以鼓励算法的开发者和使用者向消费者披露算法,或是将算法向消费者进行详细的说明,或是向消费者提供与算法有关的配套解读软件。一方面,这是保证消费者的知情权的一个重要手段;另一方面,也可以在一定程度上破解算法共谋的黑箱问题。最后,监管机构也可以鼓励技术人员专门开发消费者算法。一方面,以消费者算法与经营者算法抗衡;另一方面,以消费者算法来帮助消费者识别经营者的价格歧视、价格共谋以及虚拟的消费捆绑等行为,维护消费者利益。

结构规制,降低算法共谋行为发生的概率

在数字市场上,至少有三个因素是有利于算法共谋的达成的。第一个因素是数据。技术的快速发展,既使得数据的规模越来越大,也使得数据无处不在。这种状况,为在市场经营者之间达成算法共谋提供了条件。第二个因素是信息交流。随着网络通信技术的快速更新换代、云存储技术的迅速发展,以及计算能力的快速提升和算力水平大幅度提高,一方面使得市场经营者之间更容易进行信息交流,另一方面又使得市场经营者之间的信息交流,可以通过算法实时完成。这种情况,有利于共谋协议的磋商与谈判,有利于算法共谋的达成。第三个因素是数据处理。随着数据抓取技术与数据分析技术的成熟,使得数字市场变得越来越透明。在利用算法的情况下,经营者之间对竞争对手的行为相互进行监控就变得更容易。这有利于算法共谋结构的维持。因此,监管算法共谋,还可以考虑从数字市场的结构入手,对市场结构进行规制。监管机构可以制定相应的政策,通过政策对数字市场结构特征进行调整,使市场形成不会有利于算法共谋发生的环境,从而有效降低达成算法共谋的概率。

首先,监管机构可以制定出能够适度降低市场透明度的政策。反垄断监管机构在这一方面可以选择的政策工具包括:要求市场经营者实施秘密折扣制度;限制可在线发布的有关信息等。这样,一方面可以降低市场的透明度,另一方面也会使得算法难以预测到竞争对手的行为。问题是,市场透明度是有利于算法共谋的一个核心变量,同时,它也是市场有效竞争的一个核心支柱。因此,提高透明度的目的是什么,就必须搞清楚。

其次,监管机构可以制定政策,对算法的使用者在市场上的互动频率进行限制。在这方面,监管机构可以选择的政策工具包括:限制市场经营者的价格调整频率;规定市场经营者在限定的最短时间内,不能接收任何新的要约等。通过这类政策,既可以降低市场的互动频率,也可以降低算法共谋的灵活性,从而破坏算法共谋的稳定性。①

再次，扩展共同市场支配地位制度，适用于算法共谋。②因为传统的相关市场界定，无法反映数字市场的最新发展，据欧盟委员会官方网站报道，2021年7月，欧盟在评估了它原先的《相关市场界定通告》（Market Definition Notice），并征求了相关利益者的意见之后，考虑对这一通告进行修订。与此对应的是，2021年6月就任美国联邦贸易委员会主席的莉娜·汗（Lina Khan）也认为，现行反垄断法框架难以解决科技平台带来的竞争问题，现行的反垄断法框架过度关注消费者福利，很难认定科技巨头支配地位对竞争带来的潜在损害，尤其是在在线平台与数据驱动的市场中更为明显。反垄断法与竞争政策的目标应该是竞争市场，而不是福利。也就是说，反垄断政策的分析框架应当关注的是竞争过程的中立性，以及市场结构的开放性，而非单纯地关注消费者的福利。因而，监管机构在关注竞争过程与市场结构的过程中，应当考虑市场的进入壁垒、经营者对数据的使用与控制能力、消费者的议价能力等因素的动态变化。在在线平台上，数据发挥了重要的作用，承担了重要的角色。正因为如此，仅仅依靠对市场价格的度量，还不足以完整把握市场的动态变化。在这种情况下，对结构问题与竞争过程给予更多的关注，可能就更为重要。这样，可以采取相应的政策来应对平台的市场力量。在保证市场经营者利用规模经济优势的前提下，对经营者滥用市场支配地位的能力进行遏制。

---

① 参见：殷继国、沈鸿艺、岳子祺，人工智能时代算法共谋的规制困境及破解路径，《华南理工大学学报（社会科学版）》2020年7月第4期第33—41页。

② 参见：时建中，共同市场支配地位制度拓展适用于默示共谋研究，《中国法学》2020年第2期第89—107页。

2021年初，在《关于平台经济领域的反垄断指南》（以下简称《指南》）中，对算法共谋的监管提出了初步方案，要求监管机构运用多种手段，准确识别和认定算法共谋。算法共谋是最具典型特征的平台垄断协议。而识别算法共谋是一大难题，《指南》提出了初步的解决方案。在认定平台经济领域的协同行为时，《指南》认为，监管机构可以通过直接证据，来判定市场经营者之间是否存在协同行为。如果直接证据很难获取的话，那么，根据国家市场监督管理总局2019年发布的《禁止垄断协议暂行规定》第六条的规定，监管机构可以按照逻辑一致的间接证据，来认定经营者之间是否存在协同行为。与此同时，经营者也可以提出相反的证据，来证明他们之间不存在监管机构指控的协同行为。这一规定虽然较为笼统，但随着监管实践的展开，将会不断丰富。

总之，对算法共谋的监管，既不是只监管某一个具体的环节，也不是某一个监管机构的事务，它是一个多环节的监管，也是一个多部门的协同监管。对平台经营者引入反垄断合规监管，有利于增强经营者自主推进高水平的反垄断合规的积极性，有利于探索建立平台企业反垄断合规的监管与评价制度，有利于培育竞争文化。

结　语

数字经济时代的监管变革

数字经济的发展并没有完全动摇原有的经济理论与垄断理论，但不可否认，原有的经济理论与垄断理论，并不能充分解释数字经济中的一些现存现象。同样地，为了应对数字经济中的反竞争问题，传统反托拉斯政策也需要做出相应的调整。

数字经济的发展，给执法者和监管者带来了挑战，对于如何建立起一种保护竞争的方法，同时，计算机算法在现代商业领域的广泛使用，给竞争带来的风险，也不应当被低估。我们并不否认计算机算法给社会带来的巨大好处，我们只是将重点放在算法对于共谋所带来的潜在影响，以及竞争政策应当如何做出回应。

我们讨论了算法可能挑战反托拉斯政策的机制。首先，算法影响了市场条件，导致了价格的高度透明化和交易的高频化，这使得企业可以快速和积极地采取行动。数字市场上的这些变化，可能使得在任何市场结构中，共谋策略都更为稳定。其次，通过向企业提供强有力的自动化的机制来监控价格、采取共同政策、发送市场信号或以深度学习技术优化联合利润，算法可以使得企业通过默示共谋的方式获得传统卡特尔一样的产出。

算法促成共谋的过程中,可能是企业有意为之,即算法只是企业共谋的一个工具而已,如信使类算法共谋,现有的反垄断政策仍然有用武之地。但也可能并非企业的初衷,如自我达成型算法共谋,则现有的反托拉斯政策面临着重大的挑战。数字经济时代的市场监管体制改革将是不可避免的需求。在改革监管制度的过程中,我们也需要清楚,任何监管方式都可能存在正反两方面的效应。

但从未来的角度来看,由于算法的多维属性,开发出的任何监管方法,都必须与多个监管部门协调合作,如竞争法的实施部门、消费者保护机构、数据保护部门、相关部门监管者、实践深度学习的计算机科学组织等。由于算法可能带给竞争的确实存在的风险,这是一个高度复杂和充满不确定性的领域,在这里,缺乏干预或过度监管,都可能给社会带来沉重的成本,因为算法毕竟还是有益于社会的。无论未来采取什么样的行动,它们必须经过深思熟虑,仔细应对。

面对数字经济时代的反垄断监管变革,孙晋提出从监管原则、监管方向、监管机制、监管方法、监管工具等方面完善反垄断监管治理。①

在数字经济背景下,针对算法共谋的监管,除了我们在第七章中所讨论的方案和途径之外,无论是从监管实践的角度,还是从理论探讨的角度,可能的方向包括,一是能否构建一种针对平台经营者的定价行为和算法协议行为的评估方法,建立起一套关于平台经营者的市场势力的新指标体系,所涵盖的指标可能涉及数据占有率、数据市场

---

① 参见:孙晋,数字平台的反垄断监管,《中国社会科学》2021年第5期第101—127页。

势力、算法能力等,在此基础上,对人工智能产业的产业组织理论应当有所扩展,这样,可以为数字经济时代的反垄断监管提供理论依据。二是能否,以及如何利用计算机的情景模拟和相关的经济实验,研究算法在算法共谋中的作用和机制,完整把握各类算法共谋的实现过程与运行机理。三是在鼓励设计与开发消费者算法的同时,能否开发出一种关于政府监管算法的新技术,这样将有利于监管机构利用技术监管技术,并利用新技术手段对抗卖方算法的市场势力。这意味着,在数字经济背景下,针对算法共谋的监管,将会面临着一场深刻的变革。